AF403441

Couverture inférieure manquante

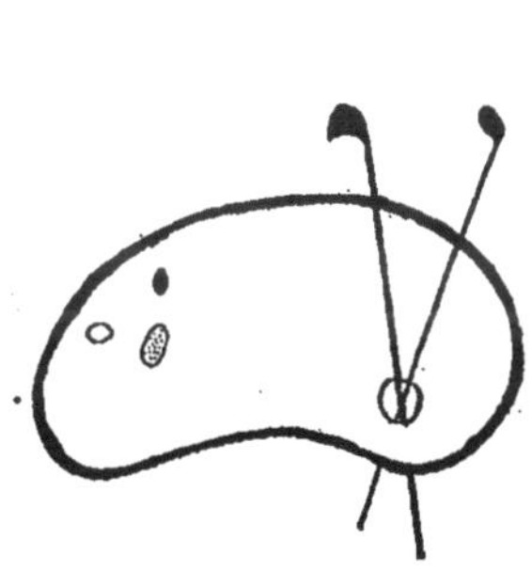

DEBUT D'UNE SERIE DE DOCUMENTS
EN COULEUR

LES PROBLÈMES

DE LA VIE

RECHERCHES

SUR

LE PASSÉ, LE PRÉSENT ET L'AVENIR

PAR C. DOCTEUR

ANCIEN ÉLÈVE DE L'ÉCOLE POLYTECHNIQUE

SOCIÉTÉ GÉNÉRALE DE LIBRAIRIE CATHOLIQUE

(Ancienne Maison VICTOR PALMÉ, éditeur des *Bollandistes*.)

PARIS | BRUXELLES
76, RUE DES SAINTS-PÈRES, 76 | 12, RUE DES PAROISSIENS, 12

GENÈVE
HENRI TREMBLEY, LIBRAIRE-ÉDITEUR
4, RUE CORRATERIE, 4

1881

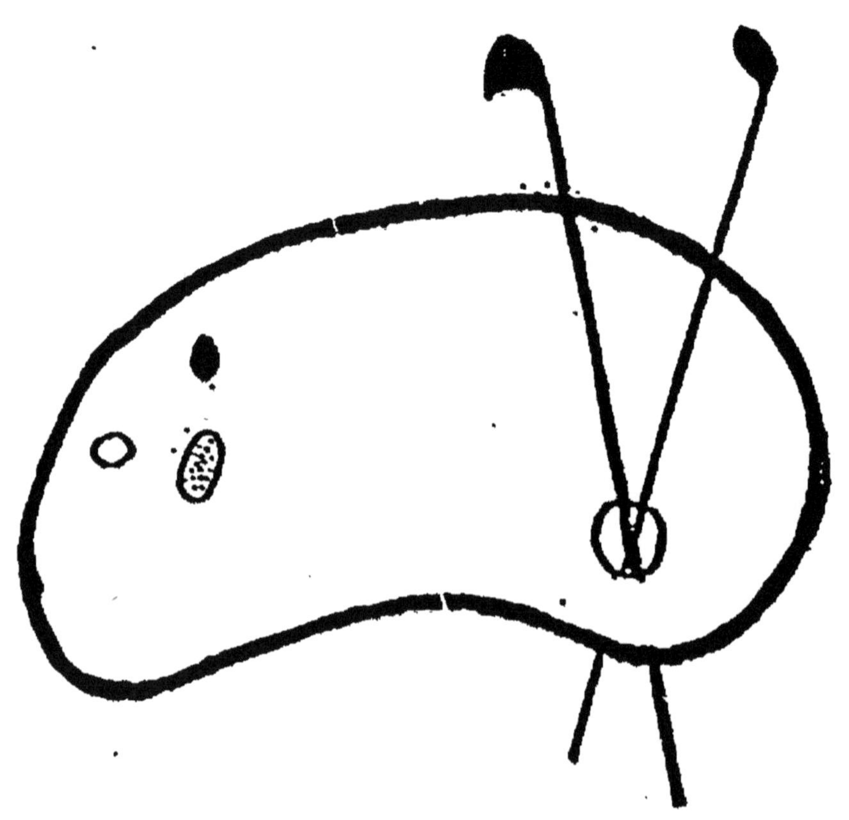

FIN D'UNE SERIE DE DOCUMENTS
EN COULEUR

792

LES

PROBLÈMES DE LA VIE

RECHERCHES

SUR

LE PASSÉ, LE PRÉSENT ET L'AVENIR

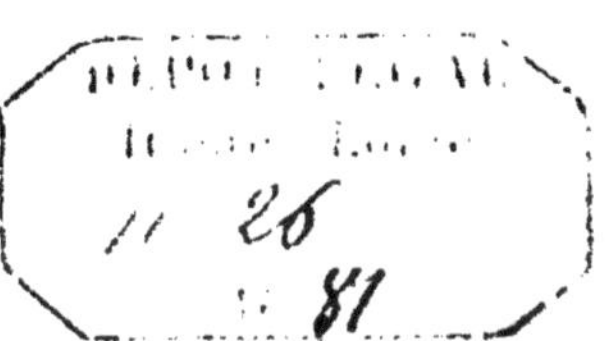

LE PUY, IMPRIMERIE MARCHESSOU FILS.

LES PROBLÈMES
DE LA VIE

RECHERCHES

SUR

LE PASSÉ, LE PRÉSENT ET L'AVENIR

Par C. DOCTEUR

ANCIEN ÉLÈVE DE L'ÉCOLE POLYTECHNIQUE

SOCIÉTÉ GÉNÉRALE DE LIBRAIRIE CATHOLIQUE

(Ancienne Maison Victor Palmé, éditeur des *Bollandistes*.)

PARIS | **BRUXELLES**

76, RUE DES SAINTS-PÈRES, 76 | 12, RUE DES PAROISSIENS, 12

GENÈVE

Henri TREMBLEY, LIBRAIRE-ÉDITEUR

4, RUE CORRATERIE, 4

1881

[Cachet de bibliothèque]

DÉCLARATION DE L'AUTEUR

Si cet ouvrage contient des propositions contraires à la doctrine chrétienne, l'auteur n'hésite pas à considérer ces propositions comme des erreurs, et se soumet d'avance aux décisions de l'Eglise catholique, apostolique et romaine.

PRÉFACE

L'auteur présente, dans ce livre, une étude sur les principaux problèmes de la vie. Dans ses recherches, il est amené à reconnaître l'existence d'une lumière surnaturelle, qui dépasse infiniment celle de notre intelligence. Cette lumière affirme son origine surhumaine, en donnant directement sur les questions philosophiques la solution déjà connue et acceptée par notre raison, et en nous introduisant dans un domaine mystérieux, où seul, notre esprit est impuissant à pénétrer.

De plus, elle fait ressortir le caractère de vérité de ses enseignements aux yeux de notre raison, qui, seule, n'aurait pu ni les découvrir, ni les apprécier. On peut citer comme exemple, d'un côté, les études sur l'origine de l'homme, faites par Platon, ce génie si puissant; et, de l'autre, les données fournies à ce sujet par la révélation. Ces dernières satisfont incomparablement plus l'esprit et le cœur, et témoignent ainsi de leur supériorité incontestable. A ces considérations, nous ajoutons que ce flambeau céleste est indispensable pour éclairer le monde; car les hommes, livrés à eux-mêmes, sont divisés d'opinions sur les questions capitales.

Cette lumière nous annonce une loi unique et universelle, régissant l'univers, loi de simpliplicité et d'harmonie, qui lie entre elles toutes les œuvres de la création. Ici encore, notre raison est obligée de reconnaître qu'il ne saurait en être autrement dans un plan divin dont les diverses parties doivent former un tout parfaitement uni. Nous sommes donc amenés à en déduire ce grand principe : *toutes les vérités sont liées entre elles.* Elles constituent les différents aspects de tout ce qui est éternellement beau, bon et bien.

Nous consultons les différentes facultés de l'âme, et nous les entendons proclamer, d'un commun accord, que toutes les paroles, comme tous les actes de Jésus, manifestent, au suprême degré, les différents caractères de la vérité éternelle. Mais Jésus ne se contente pas de nous confirmer, par ses paroles et par ses actes, la loi qu'il nous a donnée; il fait plus encore : il est le premier qui la pratique dans toute sa plénitude, et qui donne volontairement sa vie pour l'affirmer. Nous arrivons ainsi facilement à prouver la divinité du Christ, et, par suite, la vérité absolue de toutes ses paroles. Enfin, si, conformément à son conseil, nous soumettons sa doctrine au contrôle renouvelé de l'expérience universelle, nos esprits et nos cœurs, touchés par le résultat acquis, proclament encore sa divinité.

Une fois en possession d'une loi unique et générale, de ce lien qui doit rattacher tout à lui, nous nous en sommes servis pour nous initier à une connaissance plus complète du passé, du présent et de l'avenir.

Dans le passé, après avoir prouvé l'origine surhumaine des enseignements bibliques, par des considérations scientifiques et historiques, nous nous en sommes servis pour éclairer les différentes origines des peuples, leurs usages, leurs traditions, leur langage, et nous y avons trouvé le moyen de pénétrer plus avant dans la genèse de toutes choses : des langues, des arts et des sciences.

Dans le présent, nous avons traité des différentes églises; nous avons étudié la question politique et sociale et développé un système de communication générale entre tous les êtres : la représentation des pensées par le dessin, des sentiments par la musique. Enfin, nous en avons déduit la consolante possibilité de nos relations avec l'autre monde.

Dans l'avenir, nous avons été conduits, par cette loi d'harmonie, à regarder tout ce qui existe ici-bas comme la figure d'un monde futur tout spirituel. Ainsi, le silence majestueux des espaces représente la tranquillité, la paix des âmes ; les beautés physiques sont une image des qualités morales ; les mélodies, une expression des sentiments intimes, etc. Nous avons, en outre, présenté une image des beautés angéliques, le spectacle de notre arrivée dans la patrie des âmes, le tableau des béatitudes célestes et une figure de l'éternelle union des âmes.

Afin de montrer la merveilleuse harmonie de la loi universelle, nous terminons notre Livre par un Appendice où les vérités révélées sont prises comme bases de recherches sur les sujets scientifiques actuels les plus intéressants.

Nota. — L'auteur a pu quelquefois employer des expressions plus usitées dans le langage ordinaire que dans le langage théologique : elles seront plus accessibles aux lecteurs qui n'ont pas étudié la théologie ; les autres les rétabliront aisément.

PREMIÈRE PARTIE

RECHERCHES SUR LES DESTINÉES DE L'HOMME

TITRE I

NOTRE ENTRÉE DANS LA VIE. — VISION D'UN ÊTRE
DIVIN : SES PRÉCURSEURS EN CE MONDE.

CHAPITRE 1

PREMIÈRES IMPRESSIONS DE L'ENFANCE. — IMAGE MERVEILLEUSE
DE NOS PARENTS.

Aux jours de notre enfance, alors que nos pensées
se jouent avec les rêves, nous voyons se mêler à leur
cortège des figures souriantes, qui passent sans cesse
autour de notre berceau. Comme des fées répon-
dant à nos souhaits, elles semblent donner un corps
à nos désirs et les réaliser dans un instant. Nous
leur attribuons facilement une puissance sans bornes. En effet, est-il possible à cet âge d'imaginer rien
de meilleur et de plus grand que nos parents (1)?
Cette idée serait-elle une illusion générale des êtres

---

1. Les faits d'observation qui servent de bases à nos études
souffrent sans doute des exceptions, mais il suffit de reconnaître
leur existence pour légitimer nos conclusions.

venue au monde avec eux ? Née dans des cœurs purs, n'est-elle pas plutôt fille de la vérité ? Alors, elle est sans doute la première forme sensible d'une *Image* encore enveloppée d'ombres, *représentant la Bonté unie à la Puissance infinie* (1). Dans cette croyance, laissons-nous encore bercer par ces gracieuses impressions qui nous montrent nos pères et nos mères comme les avant-coureurs de cette vision.

1. L'imagination des peuples païens avait rêvé les métamorphoses d'êtres surnaturels descendus de l'Olympe sur la terre. Tous les phénomènes physiques et moraux accomplis en dehors de la volonté de l'homme et sans sa participation leur paraissaient des manifestations variées de la puissance divine, qu'ils divisaient à leur gré. Séduit par la simplicité et les charmes de cette croyance, leur esprit n'avait pas cherché à s'élever plus haut.

CHAPITRE II

Cependant l'observation nous amène à constater chaque jour des altérations profondes dans ce tableau de nos premières impressions. Comment pourrait-il garder sa fraîcheur, ses beautés au milieu du monde, dont le souffle en ternit sans cesse les brillants aspects? Aussi, à mesure que nous nous éloignons de la famille, nous sommes surpris de voir la puissante image de nos parents diminuer de grandeur (1). souvent même nous la perdons de vue dans la bataille de la vie, au milieu d'un flot de figures qui se heurtent, se croisent, s'unissent, se pressent et se détruisent. Étourdis par le bruit de la foule, excités par ses cris et ses jeux, nous sommes bien vite entrainés dans le tourbillon des plaisirs. Dès lors, retenus par les habitudes, enchaînés par les passions, plongés dans la matière qui forme un mur impénétrable au-

---

1. N'est-ce pas une infirmité naturelle de notre esprit analogue à celle de nos yeux, qui voient les objets diminuer et s'effacer suivant leur distance?

tour de nous, *nos yeux ne voient plus, nos oreilles n'entendent plus.* Cependant, le feu des désirs couve dans nos âmes, rien ne peut l'éteindre : entretenu par le souffle même de la vie, il pétille et lance ses brillantes étincelles qui nous séduisent. Mais chacun de leurs charmes évanouis se change en amers regrets. Bientôt la troupe légère des illusions nous abandonne. Alors, au milieu du vide absolu qui remplit nos âmes, apparaît seul le tableau de nos mésaventures et de nos fautes. Impossible de le chasser de notre imagination comme un mauvais rêve passé, il représente l'implacable réalité. Plus rien pour reposer l'esprit et le cœur, c'est l'unique spectacle qui s'offre partout à l'homme coupable. En vain voudrions-nous fuir ces importunes images, elles forment depuis longtemps l'unique cortège de nos pensées et de nos impressions. Nous sommes donc pour toujours enchaînés à elles et condamnés à devenir leurs victimes. Elles font partie de nous-mêmes ! Elles se transforment en noirs fantômes qui nous rappellent ennuis, hontes, chagrins et désespoirs ; tournant sans cesse en face de nous, ils renouvellent à chaque retour le même supplice : leurs figures diaboliques brillent au milieu des nuits et nous poursuivent pleines de menaces dans d'affreux cauchemars. Déjà se dresse devant nous le spectre hideux de la Mort prêt à donner le coup fatal pour nous envoyer rouler à travers les abîmes infinis des espaces ; déjà l'Enfer s'entr'ouve sur nos pas. Involontairement nous invoquons un secours. Aussitôt, il nous semble entendre des voix connues qui répondent à notre attente, et nous croyons apercevoir des êtres surnaturels qui viennent nous délivrer. Comme au moment de quitter la vie, ce sont les doux échos du passé qui retentissent dans nos cœurs, ce sont les ombres des bons souvenirs qui réapparaissent dans notre esprit. Pourrions-nous encore résister à leurs appels, à leurs attraits, à cette heure solennelle où un épouvantable contraste rend leurs charmes irrésistibles? Aux prises avec la crainte et les remords, ils nous font opérer un retour sur nous-mêmes, et ils ramènent à leur suite quantité d'égarés, qui rentrent à la maison paternelle pour y goûter de nouveau les seules vraies joies.

L'image de la famille revient ainsi exercer sur l'homme sa mystérieuse influence. Après cette grande victoire remportée, malgré ses défaillances, contre tous les mauvais instincts qui l'assiègent sans trêve ni merci, pourrait-il méconnaître cette puissante intervention, et ne pas lui attribuer le même caractère merveilleux déjà observé pendant son enfance?

CHAPITRE III

LE MARIAGE. — LES PRÉCURSEURS D'UN ÊTRE DIVIN.

Aux troubles de la vie succède une période de calme et de repos où l'homme rêve à sa destinée. Alors survient une vision qui met fin à nos peines : il nous semble assister au réveil de nos joies les plus pures au milieu de toutes les splendeurs de la nature. C'est l'aurore déployant ses voiles radieux pour en parer un essaim de beautés qui viennent se jouer dans ses flots d'or : chacune a ses grâces, chacune nous sourit. Mais quelle n'est pas notre surprise de revoir à notre réveil près de nous celle que nous avions choisie en songe [1]! Tel fut le ravissement d'Adam aux premiers jours du monde, lorsque, au milieu de toutes les beautés de la Création, il put admirer les charmes d'Eve d'abord entrevue pendant son sommeil. L'observation nous révèle toujours quelque phénomène enchanteur présidant à l'union des âmes :

1. Des charmes semblables se renouvellent à chacun de nos désirs satisfaits, car nos espérances naissent dans un rêve, qui double notre joie en le voyant se réaliser.

il se passe dans nos cœurs pour les guider dans le choix d'une compagne. Avec elle nous recommençons notre course à la recherche du Paradis perdu : aux jours heureux, nous croyons le trouver dans son cœur, car il sait occuper toutes nos pensées qui ne peuvent se laisser aller aux préoccupations, aux chagrins ; il sait engendrer toutes ces tendresses qui font oublier et les heures et les peines. Son affection rappelle celle des parents, elle réveille les souvenirs qui nous attachent au passé, en leur prêtant des charmes inconnus. Lorsque nous revenons à ces instants de bonheur, aux premières impressions des fiancés, nous pensons involontairement à cette image adorable de l'*Amour éternel,* déjà enfantée par nos désirs. Ne serait-ce pas sa messagère qui se montre sous une forme toujours nouvelle pour nous attirer sans cesse vers elle? Alors les personnes aimées nous apparaissent toutes comme les précurseurs d'un Etre infiniment bon, qui commence à se faire connaître par ses bienfaits avant de se dévoiler aux hommes.

CHAPITRE IV

Que dire cependant en voyant disparaître de la scène du monde tous ceux que nous aimons? Nos impressions nous entraîneraient-elles à des illusions constantes? Tout serait-il fini ici-bas?

Devant leur tombeau mon sens intime se révolte et me crie bien haut « que je ne suis pas quelque chose, « mais quelqu'un, que je suis un être vivant logé dans « une maison de chair, et que, dût ma maison tom- « ber en ruines, elle ne saurait pas plus m'écraser que « le mur croulant n'écrase le vent qui passe, la voix « qui résonne, la pensée qui s'élève, l'intelligence qui « combine, les charmes qui font l'ornement des « cœurs [1] ».

En effet, ces sentiments qui font oublier les heures, qui échappent au temps, ne doivent-ils pas durer toujours? Tandis qu'ils font revivre les pensées et les charmes des individus, ne dévoilent-ils pas le mystère d'une

---

1. *Nos ruines,* livre publié en 1872, sans nom d'auteur.

vie sans fin renfermée en nous? Pour revoir les trépassés, ils font briller deux lumières célestes dont les lueurs s'étendent du passé à l'avenir : *la mémoire,* qui rapproche le passé du présent, *et l'espérance,* qui dévoile l'avenir.

Les douces expressions de l'amour portent en elles-mêmes le cachet d'une origine surnaturelle : car les souvenirs seuls des êtres aimés, comme des échos éternels, font toujours palpiter nos cœurs, et la pensée de les retrouver, à notre sortie de ce monde, nous semble un plaisir réservé à des immortels!

Dès lors ne faut-il pas regarder ces attraits constants comme des marques nouvelles de la sollicitude de ce même Génie infiniment bon? Il les grave dans nos âmes pour les aider à quitter la terre et à nous rapprocher de lui au moyen des personnes regrettées ici-bas.

TITRE II

ORIGINE DE LA VIE. — EXISTENCE D'UN ÊTRE DIVIN,
PÈRE DE TOUTES LES AMES. — SES MANIFESTATIONS.

CHAPITRE I

AUTOUR D'UN BERCEAU. — RÉAPPARITION DE L'ÊTRE DIVIN A
LA NAISSANCE DE NOS ENFANTS. — SON EXISTENCE DÉVOILÉE,
NOTRE VRAI PÈRE.

Tandis que nos pensées errent de rêves en rêves à la recherche de l'inconnu, un cri plaintif les rappelle brusquement sur la terre ; il nous attire auprès d'un berceau où reposent souvenirs et espérances. Que de sujets de méditation en le contemplant !

Du sein de la matière nous voyons d'abord surgir un corps plein de vie et de grâces, puis nous entendons s'élever une voix révélant des impressions et des désirs. Que dire en observant ses mouvements si variés exécutés *à nos signes et à sa volonté !* Si nous réfléchissons *aux moyens mystérieux par lesquels les pensées, la mémoire, la conscience et toutes les facultés reconnues* agissent sur cette organisation, l'expérience

et la raison nous apprennent que les hommes, et encore moins le hasard, ne sauraient produire un chef-
d'œuvre semblable à la machine humaine.

En effet, *personne n'*oserait prétendre à la construc-
tion d'un appareil capable de transformer tout ce qui
peut toucher notre corps ou notre esprit (les pensées,
les faits et les actes) en phénomènes de l'ordre moral :
joies ou peines? Nous sommes amenés à reconnaître
que l'homme est seulement un instrument employé à
la création de cette merveille, *dont les combinaisons
lui échappent.* Elle doit donc le jour à un *Etre tout
puissant et invisible !*

En continuant à suivre l'homme dans son développement, quelle ne devrait pas être notre admiration
en l'entendant annoncer l'inconnu et l'avenir ! Tandis que son corps est rivé à la terre, son esprit a le
privilège de percer les ténèbres et de parcourir l'univers. Cette intelligence qui étend ses vues au-delà de
ce monde et de cette vie, ne dévoile-t-elle pas son origine surnaturelle ?

Enfin, lorsque nous tentons de nous élever plus haut
pour remonter aux causes premières de la vie et du
bonheur, nous sommes obligés de recourir encore à
l'intervention de ce même Génie invisible, et de lui
attribuer un caractère *divin, c'est-à-dire parfait en
tout.*

Nos premières impressions ne nous avaient donc
pas trompés, en nous faisant pressentir l'existence
d'un être supérieur à nous. Tous les tableaux de
la nature la proclament, mais le spectacle de la nais-

sance de l'homme et de sa vie en fournit des preuves plus sensibles, que chacun est à même d'apprécier; en outre, il donne à notre esprit une plus grande satisfaction, en nous découvrant dans ce Génie créateur, l'Etre des êtres, *un Dieu, qui est notre Père à tous!*

Voilà celui qui réunit tout en lui : la puissance infinie et l'amour éternel; celui dont nos esprits avaient déjà conçu l'image avant d'en connaître la réalité!

CHAPITRE II

Comment expliquer ce phénomène qui nous permet
de retirer toujours cent grains, cent fruits d'un seul
confié à la terre? C'est le miracle, sans cesse renouvelé, de la multiplication des pains. N'est-ce pas la
main de notre Père céleste qui apparaît répandant ses
libéralités parmi ses enfants?

Ne voyons-nous pas, sous nos yeux, la pluie du
ciel transformée dans le sol en quantité de liquides
et fruits délicieux? C'est une opération lente de même
espèce que le changement de l'eau en vin. Par ces
prodiges, répétés et si variés, notre Père céleste ne
veut-il pas ainsi appeler nos pensées vers lui, en nous
obligeant à reconnaître ses bienfaits? En vérité, si
nous prenons une fleur, est-il possible de considérer
ses formes harmonieuses, ses couleurs si belles, et
leur renouvellement constant aux mêmes époques,
comme le résultat d'un mélange non préparé de diverses substances? En voyant sortir de la même terre
tant de produits variés doués de propriétés utilisables,

pouvons-nous croire que le hasard seul ait présidé avec autant de prévoyance à nos besoins, à nos plaisirs? S'il en était ainsi, suivant les probabilités, tout devrait plutôt rester en désordre et dans un chaos complet.

L'existence de forces naturelles nous découvre une source de vie *hors de nous,* comme le déplacement d'astres immenses atteste une puissance *divine* pour les mouvoir si rapidement.

Enfin le spectacle de l'Univers n'est-il pas la manifestation à la fois la plus évidente et la plus grandiose d'une puissance sans bornes, qui nous laisse apercevoir des espaces insondables remplis de merveilles destinées à faire notre admiration pendant une vie éternelle?

CHAPITRE III

MANIFESTATIONS DE DIEU A NOS ESPRITS ET A NOS CŒURS. —
TABLEAU DE LA VIE.

Les observations faites dans le domaine physique
peuvent s'étendre au monde des âmes. Là, les bonnes pensées d'*un seul* peuvent répandre leurs charmes
indéfiniment et *partout* : elles deviennent la nourriture de l'esprit pendant des siècles et témoignent ainsi
de leur immortalité. Ici encore, le souvenir des nobles actions se perpétue de générations en générations,
par les monuments littéraires ou autres. N'est-ce pas
déjà la satisfaction sans fin, qui commence pour les
hommes de bien?

Pourquoi recherchons-nous la vérité; la justice,
l'harmonie, la beauté? L'expérience et la raison nous
amènent aux conclusions suivantes :

1° Notre esprit se nourrit de vérité, or la vérité est
un attribut des choses *éternelles;*

2° Notre conscience recherche la justice, mais la
justice est un attribut invariable des actes *parfaits;*

3° Notre âme est captivée par tout ce qui est beau
à l'œil, agréable à l'oreille, au goût; elle se plaît dans

une harmonie sans fin, mais elle préfère encore ces sentiments qui la remplissent de joie et d'amour : elle voudrait les conserver éternellement dans toute leur raîcheur ;

4° Enfin, rien de ce qui passe ne peut nous satisfaire complètement ; nous sommes avides de toujours voir, de toujours posséder ; nous sommes *insatiables*.

L'âme se nourrit donc et jouit de *tout ce qui est éternel, vrai, juste, beau et bon*. Mais ce sont là précisément les attributs d'un Esprit divin. Par là, il ous montre clairement qu'il a fait nos esprits et nos cœurs à son image, et il leur fait sentir son souffle créateur, en leur communiquant mystérieusement toutes ces joies intimes, auxquelles nous reconnaissons tous une origine surhumaine. C'est ainsi que l'Etre uprême se manifeste aux hommes, en leur révélant la urce même *du vrai bonheur*.

TITRE III

LE BUT DE LA VIE. — RÉVÉLATION DE NOTRE DESTINÉE.

CHAPITRE I

NOS GUIDES NATURELS. — LA LUMIÈRE NATURELLE QUI ÉCLAIRE LES INTELLIGENCES.

---

§ 1

Comment nous diriger dans le cours de la vie? —
Question adressée au Créateur du monde.

Nous venons de prouver que le Créateur de nos âmes est un Etre parfait. Or, un tel père ne saurait se séparer complètement de ses enfants, et les laisser sans la moindre indication sur leur sort. Il a dû leur fournir tous les enseignements nécessaires. Ce sont ses instructions que nous nous proposons de rechercher, comme les fils conducteurs destinés à nous diriger ici-bas. Il a pourvu aux besoins du corps; à plus forte raison doit-il avoir fourni à ceux de l'esprit et du cœur, qui constituent la partie la plus précieuse de l'homme? S'il en était autrement, son œuvre pécherait par la base. Nous ne pouvons donc en douter. Dès lors, en consultant nos intelligences formées d'un rayon de sa lumière, nous pouvons reconnaître la vérité [1], comme aussi, en nous recueillant dans le fond de nos âmes créées par son souffle *immortel,* nous pouvons le sentir toujours agiter leurs fibres invisibles [2], qui nous font entendre la voix mystérieuse de la *conscience.* Le bien les touche harmonieusement comme les impulsions divines; alors elles résonnent à l'unisson, et nous donnent toutes les sensations les plus agréables; le mal, inversement, les contrarie et engendre une cacophonie, d'où naissent toutes les impressions les plus désagréables, en compagnie des remords. Si donc nous n'avions pas altéré par notre faute ces dons merveilleux, en nous demandant quelle serait la conduite d'un Père *parfait* au milieu des événements intéressant sa famille, nous obtiendrions une réponse satisfaisante aux principales questions qui agitent le monde.

1. C'est cette lumière qui découvre à l'inventeur, au chercheur, les choses nouvelles, inconnues, et qui confirme les vérités éternelles, les axiomes.

2. En les touchant, il peut leur faire rendre tous les effets intimes du langage, des sentiments, et provoquer leur émission : son souffle après avoir donné à nos âmes la vie, toutes leurs facultés et leurs dons variés, ne cesse d'entretenir leur fonctionnement.

Nous allons chercher à appliquer cette méthode à l'étude des principaux problèmes de la vie.

§ II

Quelle est notre mission auprès de nos enfants? —
Question adressée au Père parfait.

Appelé seulement à participer à la création d'un petit être dont les cris nous appellent, quel est donc notre rôle auprès de lui? En le voyant dans son berceau exposé à tant de dangers qu'il ignore, notre expérience du passé nous l'indique clairement. Alors, il nous apparaît *comme un autre Moïse* menacé d'être englouti par les eaux de la corruption qui nous environnent. Pour le sauver, ne sommes-nous pas forcés d'en sortir nous-mêmes? De cette manière, il devient à son tour notre libérateur. En effet, comment oser faire le mal en sa présence? Les charmes de son innocence inspirent l'horreur des vices qui pourraient la ternir. Ce contraste exerce son influence salutaire sur nos cœurs qui recherchent leur premier état de pureté pour se rapprocher de cet enfant le plus possible. En le remarquant si faible, si impuissant, notre mission bien évidente est de le soutenir et de le diriger. Mais vers quel but? Notre amour naturel nous l'enseigne suffisamment. Nous désirerions pouvoir l'amener près de cet Être adorable entrevu à notre berceau, vers Celui qui peut remplir tous ses désirs et lui assurer un avenir de bonheur éternel. Ce projet est-il réalisable? Pourrions-nous en douter, sachant que cet Etre si puissant est *son vrai Père, notre Père à tous?* Ce serait poser cette question : *Un père parfait peut-il refuser constamment de recevoir les siens?* Il nous fait connaître sa réponse en nous confiant leur âme, l'œuvre de ses mains. Dans quelle intention? si ce n'est pour nous inviter de la façon la plus séduisante à les lui conduire.

§ III

Que devient l'homme à sa sortie de ce monde? Question adressée au cœur de notre Père céleste.

Comment aller à Dieu? Il est invisible sur la terre. C'est donc à notre sortie de ce monde que nous pouvons espérer le voir. Car notre Créateur est un père divin, excellent; il ne saurait anéantir à jamais tous ses vrais enfants, il doit vouloir les conserver aussi longtemps que lui, c'est-à-dire éternellement. S'il paraît nous donner la mort, il ne fait, au contraire, que nous sortir de la matière et en retirer les sources de forces intellectuelles et morales qui l'animaient. Les vers qui brisent leur premier corps pour prendre une autre forme ailée, nous présentent une image matérielle de ce phénomène [1]. Cependant il nous semblerait que notre dernier souffle va se perdre et se dissiper dans l'immensité des espaces, si des considérations plus élevées et tout-à-fait précises ne s'imposaient à notre jugement. Ainsi, en nous existe un foyer puissant de force, là où siège la volonté. Il met tout le corps en mouvement et ne saurait provenir de la masse obéissante, passive. En nous réside *la mémoire*, qui conserve le souvenir de nos pensées, de nos joies, *et qui les fait renaître à notre gré*. N'est-ce pas là un principe *indestructible et immatériel* constituant la vie *éternelle de l'esprit et du cœur?*

De même que l'enfant vient au jour en déchirant les entrailles de sa mère, de même le Créateur nous appelle à lui, à la vraie lumière, en nous détachant avec plus ou moins de violence de notre enveloppe corporelle. L'invisibilité des trépassés ne doit pas plus nous étonner que celle de Dieu, que

1. Nous voyons les corps simples de la nature sortir constamment avec les mêmes propriétés des différentes combinaisons où ils sont engagés, et ces propriétés sont indestructibles. N'en doit-il pas être de même des propriétés intellectuelles et morales des êtres; elles sont condensées autour d'un centre particulier constituant leur individualité. En se séparant du corps matériel auquel il était allié, ce centre doit aussi conserver tous ses différents attributs.

nous reconnaissons [1]. Néanmoins, il est possible de constater déjà en nous l'existence d'un individu distinct de la matière. N'avons-nous pas *des yeux intérieurs* voyant les personnes et les objets alors qu'ils ne sont plus présents, *des oreilles intérieures* entendant les sons et les phrases musicales qui ont cessé de résonner, *une intelligence* qui combine et découvre l'inconnu, *un cœur* qui éprouve des joies et des douleurs morales, *et toutes ces facultés* variées concentrées en un seul point qui sent et apprécie ? Ce centre unique, subsistant avec ses propriétés, éprouvera tous les effets du milieu où il sera appelé à vivre : ce milieu, lui servant en quelque sorte d'enveloppe, remplacera son corps qui lui communiquait semblablement plaisirs et souffrances; l'univers deviendra sa nouvelle demeure! C'est cet être spirituel, ainsi conçu, chef-d'œuvre inconnu d'un artiste divin, qui doit ap-

1. Nos oreilles sont insensibles aux ondes musicales au-dessus et au-dessous d'un certain nombre même très restreint de vibrations, et nos yeux ne peuvent percevoir les rayons solaires que nous savons cependant exister en dehors du rouge et du violet. Par suite, les corps qui seraient éclairés par ces derniers rayons ou qui les émettraient seraient invisibles pour nous, et les sons qu'ils rendraient dans les conditions indiquées ci-dessus ne pourraient être entendus par nous. On peut étendre ces considérations aux conditions actuelles de notre existence. En vertu du principe des interférences, quand par nos actes nous avons détruit l'harmonie des mouvements qui nous donnent la vie, nous devenons insensibles peu à peu aux sentiments du beau et du bien, nous diminuons nos jouissances pour la vie éternelle, et enfin nous les changeons en peines, jusqu'à ce que le Tout-Puissant ait rétabli l'équilibre, si nous le méritons.

paraître dans le monde des purs esprits, le jour dit de la mort. C'est en ce jour qu'il pourra enfin découvrir (s'il le mérite), la personne mystérieuse du Créateur.

§ IV

Existe-t-il un autre monde? — Question adressée à l'Esprit tout puissant et juste.

Que penser cependant du Créateur de toutes les âmes, de ce père parfait, lorsque nous sommes témoins de tant d'iniquités impunies, lorsque nous voyons souffrir les innocents au berceau, lorsque nous entendons s'élever vers le ciel ces lugubres et interminables gémissements qui retentissent, depuis des siècles, sur toute la surface du globe? Ne sommes-nous pas obligés de croire qu'il nous a éloignés de lui et envoyés en un lieu d'exil et d'épreuves? En privant de la vue, à leur naissance, certains d'entre nous, sa justice n'assure-t-elle pas à ces malheureux qu'il doit la leur rendre un jour en les retirant de cette double prison? Par ce spectacle, il découvre à tous les autres l'existence d'un autre monde, où tout doit être rétabli dans l'ordre et l'équité, et il prouve *l'aveuglement complet* de ceux qui ne veulent pas diriger leurs regards et leurs espérances vers ce nouveau séjour. La liberté laissée à l'homme de faire du mal à son semblable ou de lui donner arbitrairement la mort, ne prouve-t-elle pas aussi la nécessité de cette nouvelle demeure ?

Tout ce qui nous entoure parle à notre imagination des magnificences de cet autre monde. Ces aurores splendides qui attirent nos regards au-dessus de la terre ne nous apparaissent-elles pas comme des ornements placés aux portes du paradis ? Les milliers de lueurs lointaines qui brillent à la voûte du firmament, ne seraient-elles pas des flambeaux illuminant des spectacles célestes ? et les vagues harmonies qui remplissent parfois nos âmes, ne seraient-elles pas des échos échappés de ces fêtes divines ? Ces mélodies chantées par tout pays ne seraient-elles pas les simples murmures de la langue universelle parlée dans ces mystérieuses régions ? De même ces grandes intelligences qui brillent à travers les siècles, ces grandes âmes qui font l'admiration de toutes les générations, ne sont-elles pas aussi des images spirituelles destinées à nous préparer à la vision béatifique du père de tous les êtres ?

Notre esprit, qui a le privilège de parcourir librement les espaces et d'en mesurer les profondeurs, peut s'élever à la contemplation de l'œuvre entière de la création. Alors, il voit notre corps retenu captif dans un espace si petit par rapport au reste de l'univers, que notre globe ressemble à un lieu de réclusion bien étroit. Sur la terre, nous sommes donc entourés de voiles impénétrables ; nous les devinons sans les apercevoir, car le Créateur, dans sa bonté, les a dissimulés derrière son ciel bleu. Ce sont les murs dorés de notre prison ; elle est parfois cependant si douce, que nous regrettons tous de la quitter.

Semblablement notre âme, suivant ses inspirations, peut aussi s'élever sans cesse dans le domaine infini de ses désirs jusqu'aux sources du bonheur parfait ; alors elle ne voit ici-bas que vallées de larmes et de tourments ; mais, vivant en vertu d'un souffle divin qui ne peut s'éteindre, elle a la certitude d'une autre destinée et l'espérance de béatitudes éternelles en quittant la terre d'exil !

Alors nos pensées, brisant leur étroite enveloppe, prennent leur essor vers le pays de nos rêves.

§ V

Pourquoi nos souffrances et notre passage sur cette terre ?
— Question adressée au Père de toutes les âmes.

Pourquoi notre exil sur la terre, nos douleurs et ce supplice général de la mort ? Il est nécessaire de remonter à notre origine première pour nous rendre compte de notre situation ici-bas. Or, il est une observation vieille comme le monde, c'est que nous naissons tous *enclins au mal*. Cependant notre conduite semblerait devoir dériver du temps et des habitudes, *qui constituent une seconde nature,* comme l'expérience journalière l'a proclamé. Mais l'enfant n'a pas eu le temps de contracter *(proprio motu) de lui-même* un seul penchant vicieux à son berceau. Nous sommes donc obligés de reconnaître que son père et sa mère les lui ont communiqués le jour de sa conception. En continuant ce même raisonnement ainsi de suite, on remonte jusqu'au premier homme [1]. La loi de transmission de tous les mouvements répétés, le principe d'hérédité de certaines maladies physiques et morales, confirment cette induction. La tradition nous l'apprend également. Ces différentes preuves nous démontrent avec évidence la chute du premier couple et ses conséquences. Si nous pouvions conserver quelque doute sur la probabilité de ce péché originel, la connaissance intime de toutes nos faiblesses générales nous l'enlèverait assurément. A cause d'une épouvantable faute, Adam a été puni de la manière la plus terrible ; il a été atteint dans ce qu'il avait de plus cher, dans tous ses enfants, qu'il doit voir souffrir

---

1. Nous ne saurions admettre que le premier des êtres ait été créé mauvais, car il est l'œuvre de Dieu. Par suite, il faut conclure que le premier homme a péché, qu'il est le seul, le vrai coupable, avec Ève, sa complice.

En parlant des défauts du prochain, nous disons souvent « ça c'est dans le sang », reconnaissant, par un cri de l'âme, ce principe d'hérédité des maladies morales.

jusqu'à la dernière génération. Mais un père ne doit faire qu'un avec tous les siens; par suite de notre immortalité, nous sommes donc appelés à partager ses peines. Il est facile de s'en rendre compte. Si nous consultons l'homme de cœur à ce sujet, il nous dira qu'il préfère pâtir à la place des aimés pour leur éviter toute peine. Alors à cette réparation passagère est attachée une récompense divine, éternelle, qui établira *un lien continu d'amour entre nous tous et notre père, de manière à ne faire qu'un.*

Les conséquences de ce péché originel, en introduisant la souffrance dans le monde, peuvent nous initier aux beautés du plan divin. Nous allons essayer d'en présenter quelques-unes.

Par suite de la liberté qui nous a été donnée, nous pouvons faire tout le mal possible aux autres : ainsi un individu peut tuer son semblable ; dès lors, il n'existe ici-bas aucune satisfaction pour ce dernier. Par là, Dieu dévoile la nécessité de son action en dehors de ce monde pour donner cette réparation, et il assure l'immortalité de l'âme.

Le désordre ayant été introduit sur la terre par nos ancêtres, le Créateur ne peut manquer d'intervenir pour rétablir la justice et l'équilibre de son plan, qui ne saurait comporter d'imperfections.

Il doit donc ouvrir tous ses trésors d'amour aux victimes, à ceux qui souffrent par et pour les autres; il offre à celui qui pèche contre la justice un moyen de se réhabiliter; il fournit à tous une justification de la conquête *de biens éternels par des peines passagè-*

res librement acceptées pour les autres; il donne un fondement à l'œuvre d'une *rédemption promise,* et une espérance dans sa miséricorde infinie, qui veut ménager à sa justice un motif de pardon à ses vrais enfants.

Mais les souffrances peuvent être considérées à d'autres points de vue; elles apparaissent à l'homme résigné comme autant de chemins qui le rapprochent de son Créateur.

Ainsi, dans le cours de nos maladies, n'entendons-nous pas notre propre voix qui l'appelle à chaque instant : « *Mon Dieu!* » Peut-il rester insensible aux gémissements, aux plaintes répétées de ses enfants? La douleur nous apparaît donc comme une espérance souveraine, comme un moyen de le rapprocher de nous, d'aller à lui : c'est une des voies ouvertes pour retourner dans l'Eden. Car, si le péché est la source de tous les maux, la souffrance qui les expie est la source de tous les biens; elle déchire le voile épais dont nous avons cherché à nous envelopper pour dissimuler nos désordres et nous dérober à la lumière. Le calme qui règne dans l'immensité des espaces nous présente une image de cette paix inaltérable assurée aux corps comme aux âmes obéissant aux impulsions divines. Ici-bas, nous avons jeté la confusion et le trouble dans ce milieu harmonieux. Au lieu de nous abandonner à notre juste sort, la Providence fait jaillir de tous côtés les peines pour rétablir l'équilibre moral compromis. En effet, ne retiennent-elles pas *prisonnières* nos pensées toujours prêtes à suivre la troupe légère des illusions? Ne nous obligent-elles pas à chercher un appui indestructible pour nous soutenir, un port de refuge pour nous reposer dans une sécurité absolue? C'est alors qu'après avoir épuisé toutes les ressources humaines, nous appelons un secours surhumain en répétant involontairement ce cri uniforme : « *Mon Dieu!* » qui retentit de père en fils, à travers les siècles, sur toute la surface du globe. Aussitôt, notre Père céleste, ému de pitié, vient, accourt ; il agit directement par les gens de l'art pour guérir nos corps ; il envoie ses anges consolateurs pour sauver nos âmes. Ensuite, il fait tomber la rosée bienfaisante des larmes pour effacer nos fautes : en touchant nos cœurs brûlants, elle remonte vers les cieux en une douce vapeur qui entraîne nos pensées à sa suite. Alors, par sa grâce, la douleur passée nous laisse une paix inénarrable qui présage le pardon.

Mais que dire des tourments librement endurés pour les autres pendant toute notre existence terrestre? Ils ne laissent place à aucune récompense ici-bas, ils nous ouvrent donc les portes du ciel. Dieu nous découvre ainsi les trésors d'amour cachés dans les cœurs, d'où rayonnent ces attraits mystérieux qui font graviter le monde autour de lui. En élevant nos sentiments au-dessus de la justice même, ils s'approchent de la bonté infinie pour la goûter éternellement : c'est elle qui, par ce contraste, doit changer chaque soupir en une joie plus vive, comme le mal en bien. Nous prenons ainsi sur nos têtes la couronne d'épines du Christ, qui doit être un jour transformée dans une auréole lumineuse répandant tous les charmes.

N'ayant aucun bien par lui-même, l'homme n'a de mérite que par le sacrifice volontaire de toute sa personne. C'est ainsi qu'il peut réellement opérer son retour dans le sein de celui qui a tout donné. Par la mort, il rend la vie. Avec son amour, c'est tout ce qu'il peut offrir à son Créateur !

§ VI

Comment interpréter les événements dans le cours de la vie ? — Question adressée au Roi de l'univers, qui gouverne sa famille.

Nous guidons nos enfants dans leur marche, nous leur préparons, dans une certaine mesure, le cours de la vie, soit en leur évitant des peines et les occasions du mal, soit en faisant naître les circonstances du bien. Semblablement, notre Père céleste ne doit-il pas diriger aussi tous ses enfants, qui sont des hommes si faibles, si petits, si ignorants, par rapport à lui ? L'Etre qui doit agir sans cesse, ne ferait-il plus rien pour personne ? abandonnerait-il complètement ses créatures, au milieu des dangers menaçant leur existence éternelle? Il est très facile de prouver le contraire. En réalité, l'histoire des peuples et la vie de chaque individu présentent une succession de faits qui échappent à nos prévisions; ils peuvent seulement s'expliquer par une intervention surhumaine. Conduits naturellement à cette supposition, nous en pressentons la vérité ; car celui qui est la raison même n'a rien dû abandonner à l'aventure dans ses œuvres. C'est donc par les événements qu'il peut gouverner le monde des âmes et leur révéler sa présence en tout lieu.

De cette manière, notre esprit le découvre partout et notre cœur reconnaît sa main providentielle dans les faveurs comme dans les châtiments envoyés. *Il commence alors à se découvrir lui-même à nous de cette façon mystérieuse.*

N'est-ce pas la voix du Tout-Puissant que nous entendons dans la tempête, dans les éclats du tonnerre? Ne nous dit-elle pas que sur ce globe nous n'avons pas de place, ni de bonheur assuré pour un seul instant? Il nous invite ainsi à penser à un autre séjour, à préparer un autre avenir, qui ne doit plus finir.

Si nous réfléchissons aux fléaux qui, par moments, ravagent le monde, menaçant à la fois des populations entières, ne faut-il pas les considérer comme un avertissement général de nous tenir toujours prêts à quitter la terre?

En passant de là à toutes les souffrances particulières, qui pourrait nier les leçons qu'elles renferment? Nous en avons signalé quelques-unes dans le chapitre précédent. L'expérience nous permet de les mieux apprécier. En effet, les maladies nous amènent à faire un retour sur nous-mêmes, et à former des projets d'amélioration dans la crainte d'un sort inconnu. Elles constituent déjà un puissant moyen de moralisation, et en même temps une première satisfaction offerte à la justice de Dieu. Il veut sans doute nous ménager quelques circonstances atténuantes au premier jour du jugement, et nous donner en retour, ici-bas, quelques espérances de bonheur éternel. Par ce moyen, il nous enseigne la *patience,* cette vertu qui fait grandir nos âmes en leur donnant plus de force pour surmonter la douleur, et aussi pour mieux sentir le bonheur! Comme tout s'apprécie bien par le contraste, ne faut-il pas découvrir là une main divine qui change chaque peine en une joie plus vive et infinie! Un résultat des souffrances est de nous *amener à lui :* car, après avoir épuisé en vain tous les moyens de guérison, ne sommes-nous pas engagés naturellement à nous adresser à celui qui peut tout? Alors, si nous obéissons à une pareille inspiration, nous aurons lieu d'espérer ses secours. En nous rendant la santé, ils devront nous attacher à Dieu désormais, car il nous force à reconnaître *qu'ils sont au-dessus du pouvoir et de la science des hommes!*

Les mêmes observations se présentent dans le domaine intellectuel. Etant inconscients de l'origine première des découvertes, nous sommes encore obligés d'avoir recours à une intervention merveilleuse pour nous en rendre compte. Une part n'est pas attribuable à l'homme, puisqu'elle est le résultat de circonstances fortuites. Seulement, nous ne remarquons pas cette relation mystérieuse, parce qu'elle ne frappe pas directement nos sens matériels. L'esprit divin se manifeste donc à chaque instant à quelques hommes privilégiés, en leur découvrant les sources du beau, du vrai, de l'utile et du bien [1].

Malgré tout, la liaison des faits avec les causes premières qui les déterminent nous échappant, et les moyens mécaniques employés pour les produire étant au-dessus de la portée de nos intelligences, nous trouvons plus simple d'admettre que les événements imprévus sont le résultat de circonstances fortuites et non préparées. C'est même avec une entière bonne foi que nous nous laissons aller à la faiblesse de comparer nos facultés à celles de l'Etre suprême. Quel contre-sens cependant nous commettons en croyant voir des difficultés, des impossibilités pour Celui qui est le Tout-Puissant ! Ces difficultés devraient, au contraire, nous amener à rechercher quelqu'un de supérieur à l'homme pour les résoudre. Dieu seul a toutes les connaissances nécessaires ; il sait les secrètes dispositions des cœurs, leurs besoins. Lui seul est donc en état de combiner les éléments si nombreux, si variés de ce vaste problème, renfermant plus d'inconnues que de personnes. Il n'abandonne pas ces myriades d'atomes et de corps célestes dans leur course ; à plus forte raison doit-il s'intéresser aux âmes ! Rien de plus

1. Dans les arts, on reconnaît plus facilement cette influence mystérieuse, en lui donnant le nom même d'inspiration.

grand, de plus beau, de plus juste, de plus parfait ne peut être imaginé. On est donc amené à dire : « *Il doit en être ainsi, puisque c'est digne du Dieu que nous reconnaissons !* »

§ VII

Comment s'approcher de Dieu invisible ? — Question adressée à l'Être suprême, qui a tout prévu.

Nous venons de voir que notre globe est un lieu d'épreuves, où nous sommes appelés à souffrir les uns pour les autres. Si nous voulons habiter la nouvelle terre promise, où règne le bonheur parfait, il faut apprendre *d'abord* [1] à aimer les autres le plus possible, *autant que nous-mêmes.* Le Créateur nous a donné une famille dans le but de nous diriger dans cette voie. Là, au milieu de nos parents, il nous fait d'abord goûter le plaisir de recevoir leurs présents, de sentir la douceur du pardon, et tous les charmes de leur tendresse ; là, plus tard, auprès de ces compagnes dont les vertus réalisent cette gracieuse trinité de la jeune fille, de l'épouse et de la mère, il nous en-

---

1. Je dis d'abord ; il y a, en effet, d'autres conditions requises.

seigne sans peine à partager, à nous oublier et à aimer à notre tour. Mais, lorsqu'il nous rend père, il nous élève à un degré plus haut, il nous prépare aux joies divines. En faisant nos cœurs d'un rayon de son amour, il leur a inspiré ses propres sentiments qui nous engagent naturellement à donner, à pardonner, à chérir et à bien diriger, comme lui, nos enfants. Quand nous agissons de la sorte, nous commençons à vivre de sa propre vie, *et nous nous initions à sa connaissance intime.*

Si nous sortons de la famille, le Maître de l'univers étend nos vues encore plus loin [1]. En effet, le reconnaissant tous comme notre Père, ne devons-nous pas nous traiter comme des frères destinés à vivre toujours ensemble? Il nous le confirme en nous dotant de qualités physiques ou intellectuelles, de biens particuliers, de charmes différents qui permettent à chacun d'être utile ou agréable à son prochain et de s'en faire aimer. C'est de cette façon qu'il nous engage à nous unir tous par ces liens fraternels pour former, dans l'avenir, une seule et grande famille, dont il est le chef invisible ici-bas.

Pour nous conduire vers lui, il ne s'est pas contenté de nous choisir des guides expérimentés dans le sein de la famille, il nous en donne un autre plus

---

1. En nous donnant une patrie, en nous associant à ses gloires, à ses malheurs et à ses inquiétudes, n'a-t-il pas voulu ainsi agrandir notre cœur en l'attachant davantage au passé, au présent et à l'avenir d'un plus grand nombre d'hommes!

intime qui ne nous quitte jamais, car il fait partie de nous-mêmes : *c'est la connaissance du bien et du mal,* confirmée par *la conscience,* qui nous avertit de nos écarts par des peines morales. Voilà la boussole qui sert à nous maintenir sur le chemin du ciel.

Dans le but de nous rapprocher davantage de lui, Dieu nous a doués d'*une faculté d'imitation.* Grâce à elle, nous pouvons acquérir et développer ensemble nos connaissances et nos qualités : ce sont elles qui, à vrai dire, *constituent la vie de l'esprit et du cœur!* L'exercice de cette faculté devient un besoin de notre nature, qui nous pousse à faire comme les autres. C'est pourquoi nous devrions toujours donner le bon exemple, afin que les plus jeunes, ne voyant pas le mal, ne puissent être entraînés à le commettre. Voilà comment Dieu nous enseigne *la sagesse,* en nous imposant ce principe dans le sein de la famille à élever. Après avoir reconnu l'influence pratique de notre conduite, pourrions-nous choisir de meilleurs modèles que ceux qu'a mis sous nos yeux notre Père céleste dans ses relations avec les hommes? *Lors donc que nous donnons, pardonnons, et travaillons pour les autres, nous l'imitons,* nous tendons à nous rendre semblables à lui. *N'est-ce pas là s'approcher de Dieu en esprit et en vérité?* En allant au secours de ses enfants, en les aimant, nous gagnons certainement son cœur. N'est-ce pas la grande voie ouverte pour aller au Paradis?

Si nous voulions faire attention à tout ce qui arrive, nous entendrions sans cesse la voix de notre Père céleste qui ne cesse de nous appeler à lui. C'est ainsi que nous pouvons interpréter les événements et leurs conséquences pour l'avenir éternel [1].

1. Nous en avons présenté un exemple dans le chapitre précédent, au sujet des maladies qui nous surviennent.

TITRE IV

CHAPITRE I

PRÉLIMINAIRES. — LE MESSIE. — LA LUMIÈRE SPIRITUELLE
PARFAITE.

Celui qui a suspendu à la voûte du firmament le
soleil et ces myriades d'étoiles pour diriger nos corps
sur la terre, a dû répandre autant de lumières variées
sur notre esprit. Comme nous venons de le voir, c'est
lui qui nous a donné ces guides *naturels* choisis dans
la famille, la société, les nations, et ces autres conducteurs mystérieux reconnus dans les facultés de
l'âme comme dans les événements. Mais, les hommes
étant tous sujets à l'erreur, n'a-t-il pas dû leur envoyer quelque pure lumière, *venue aussi du ciel?*
Nous sommes bien obligés de tracer des chemins
pour nous diriger sur la terre; alors nous sommes
amenés à prévoir que l'Etre suprême a indiqué également des voies à nos pensées, à nos désirs, pour les

empêcher de s'égarer. En effet, après avoir gravé sa loi dans nos âmes, il ne cesse de nous la rappeler, à toutes les époques, par la parole des plus sages qui prêchent l'amour de Dieu et des hommes. Il n'a pu manquer de nous donner tous les avertissements utiles. Nous ne devons donc pas être surpris qu'il ait fait entendre directement sa voix à certaines individualités remarquables par leurs vertus. Leur affirmation est ainsi garantie par le caractère de leur personne. Ce choix n'a-t-il pas été fait dans le but de nous inspirer la foi dans leur parole ? Nous devons donc prendre en considération la tradition, lorsqu'elle s'accorde avec des vues si simples. Or, elle nous apprend que Dieu a conversé avec plusieurs hommes : tous nous annoncent une même promesse, l'arrivée *d'un Messie,* à une époque déterminée par des prophètes reconnus. Si ce Désiré des nations est réellement venu sur la terre, il a dû y laisser des traces impérissables de son passage. En dehors des signes naturels prédits, comment le reconnaître ? Ce n'est pas seulement à la vérité absolue de la loi déjà proclamée, mais surtout à son accomplissement total, fait inconnu avant son Incarnation. Alors nous devons porter nos regards vers l'être le plus parfait apparu ici-bas. Dans cette recherche, nous ne saurions prendre de meilleur guide que saint Jean *le Précurseur;* car le peuple israélite, confident de la promesse divine, avait pris cet homme extraordinaire pour le Messie attendu. Or, ce saint suréminent, et tous les sages après lui, ont reconnu dans *Jésus leur*

Maître, le modèle par excellence. Voilà donc la vraie lumière surnaturelle, *le Soleil des Soleils qui doit éclairer les âmes!*

Comment apprécier aujourd'hui le caractère divin du Christ? Ses paroles comme ses actions ne doivent-elles pas porter en elles-mêmes le cachet de leur origine céleste, et les marques de facultés surnaturelles qu'on ne saurait attribuer à *un homme?* Si donc, en les comparant à chacune des nôtres, nous ne pouvons établir aucun parallèle entre elles, nous aurons démontré *d'une manière scientifique* la vérité de l'Evangile.

D'un autre côté, la connaissance plus *complète* de toutes nos faiblesses nous fournira une contre-épreuve remarquable, si nous arrivons à constater entre ses paroles et ses actes une suite et une unité impossibles à rencontrer dans la nature humaine.

Mais elles contiennent des commandements et des lois à observer : nous pouvons les soumettre alors au contrôle de l'expérience, en les pratiquant ou en faisant *l'opposé.* Cette expérience est à la portée de tout le monde, et chacun peut la renouveler à sa volonté : les résultats obtenus et ressentis par nos consciences et nos cœurs, dans ces deux *cas contraires,* nous permettront d'établir un jugement personnel et définitif sur leur valeur réelle.

Enfin, si ces paroles viennent d'une source éternelle, elles doivent posséder *des propriétés générales et permanentes.* Ainsi, s'appliquant à tous les temps, elles les devancent et nous annoncent *l'avenir.* Tous les événements passés constituent alors autant de té-

moins propres à contrôler leur exactitude ; puis nous devons trouver comme corollaires de ces vérités célestes, celles qu'a déjà reconnu notre raison.

Si l'Evangile ne vient pas de source humaine, tout ce qu'il renferme doit être marqué du sceau de Dieu. Il nous suffira d'en apprécier une partie pour juger le reste. Mais nous avons tous certaines facultés plus ou moins développées, nous avons tous nos infirmités de cœur et d'esprit, qui viennent exercer une influence sur notre jugement. Nous devons donc être frappés plus ou moins vivement de certaines vertus, de certaines qualités morales. Cette observation expliquera notre impuissance à embrasser, sous toutes leurs faces, les textes sacrés et leurs propriétés variées. Il faudrait être le Messie lui-même pour atteindre un pareil résultat !

§ I

Son caractère. — Le modèle parfait.

Parmi tous les faits pouvant nous éclairer sur le caractère véritable du Christ, nous trouvons les suivants que chacun est à même d'apprécier :

Jésus nous dit : « *Pour moi, je ne juge per-*

somme. » (S. Jean, Evang., ch. VIII, vers. 15.) Aucun homme a-t-il jamais prononcé une telle parole et surtout en a-t-il donné l'exemple? Etait-il possible d'en fournir une meilleure preuve que celle demandée par les docteurs de la loi et les Pharisiens, lui amenant pour la juger une femme surprise en adultère? Sa réponse n'est-elle pas dictée par l'esprit de justice le plus absolu : « *Que celui de vous qui est sans péché lui jette la première pierre.* » (S. Jean, Evang., ch. VIII, vers. 7.) Il est absolument certain que jamais personne n'a montré une telle puissance sur lui-même en ne jugeant pas les autres; car qui n'a jamais dit du mal de son prochain?

Mais, parmi les hommes connaissant toutes leurs faiblesses, qui a jamais eu sur sa conduite un empire assez grand pour avoir l'audace de dire : « *Qui de vous me reprendra de péché?* » (S. Jean, Evang., ch. VIII, vers. 46.) Qui peut le dire, si ce n'est Celui qui ne veut pas juger les autres, qui les avertit de ne pas juger, s'ils ne veulent pas être jugés? Il annonce un fait si facile à vérifier, que les conséquences en auraient été immédiates. Personne ne saurait en douter, ses disciples auraient été les premiers à l'abandonner, s'il n'avait été l'expression de la vérité absolue; car Jésus était si pauvre, qu'il n'avait rien à leur offrir pour les retenir, en dehors des joies de l'esprit et du cœur.

Or donc, que fait celui-là seul ayant le droit de juger la femme adultère? Ne trouvant pas d'accusateurs, il l'absout, restant fidèle à sa mission de Sauveur, attendu que « *Dieu n'a pas envoyé son fils au monde, afin de juger le monde, mais pour le sauver.* » (S. Jean, Evang., ch. III, vers. 17.)

Peut-on désirer plus d'unité dans la manière d'être?

Parmi les hommes toujours si occupés d'eux-mêmes, qui a jamais exprimé de pareilles pensées . « *Celui qui parle de lui-même cherche sa propre gloire, mais celui qui cherche la gloire de celui qui l'a envoyé est véritable, et il n'y a point d'injustice en lui* »? (S. Jean, Evang., ch. VII, vers. 18.) Celui-là seul qui lit au fond des cœurs, peut connaître leurs hésitations et leurs méfiances. Sachant que chacun de nous n'a pleine confiance qu'en soi-même, il nous montre toute sa condescendance et fournit à tous le meilleur moyen pratique de s'assurer de la vérité, en nous invitant à la soumettre au contrôle continuel d'une expérience à la portée des plus faibles. « *Celui qui fera la volonté de Dieu, connaîtra si ma doctrine est de lui, ou si je parle de moi-même* ». (S. Jean, Evang., ch. VII, vers. 17.)

Le caractère seul d'un tel personnage doit donc nous inspirer la plus grande confiance dans sa parole.

§ II

Sa parole : La bonté infinie.

L'âme, étant fille de Dieu, doit reconnaître la voix de son père. Ecoutons celle de Jésus :

Laissez venir à moi les petits enfants.

Venez tous à moi, vous qui avez de la peine et qui êtes chargés, je vous soulagerai.

Ce que je vous commande, c'est de vous aimer les uns les autres.

Vous aimerez votre prochain comme vous-mêmes.

J'aime mieux la miséricorde que le sacrifice.

Que quiconque voudra être le premier d'entre vous, se fasse le serviteur des autres.

Quelle est cette voix douce, compatissante, qui appelle tous les malheureux pour les consoler, les soulager dans leurs peines ? N'est-ce pas celle du meilleur des êtres ? En commandant aux hommes de s'aimer les uns les autres, ne les regarde-t-il pas tous comme ses enfants ? En leur prescrivant d'aimer le prochain autant qu'eux-mêmes, et leur recommandant la miséricorde plus que la justice, ne montre-t-il pas les sentiments les plus paternels ? Il assure ainsi à tous une part égale à sa tendresse, et il établit l'harmonie entre tous les siens. Enfin, il nous apprend que le premier d'entre nous est celui qui rend le plus de services aux autres, car il est le plus grand par le cœur! Combien nous sommes éloignés de tenir de pareils discours entre nous, dans le sein de la société, où soufflent les vents de la discorde, de la haine, de l'envie, de la jalousie, de l'ambition et de l'égoïsme.

Toute parole de Dieu ayant un caractère de généralité absolue, ne peut-on ainsi entendre cette promesse réellement surhumaine : « Je vous dis que si deux d'entre vous s'unissent ici-bas dans leurs prières, quoi que ce soit qu'ils demandent, ils l'obtiendront du Père qui est dans le ciel! »

Pourrait-on imaginer un lien plus puissant pour attacher les êtres les uns aux autres et à leur Père qui est au ciel? Les hommes font constamment l'inverse dans les relations de la vie, et même de peuple à peuple, ils ne cherchent qu'à diviser pour régner.

Entendons encore cette sublime lamentation : « *Jérusalem, Jérusalem! Combien de fois ai-je voulu rassembler tes enfants comme la poule rassemble ses petits sous ses ailes, et tu ne l'as pas voulu! Voilà que votre maison va demeurer déserte jusqu'à ce que vous disiez : « Béni soit celui qui vient au nom « du Seigneur.* » (S. Matthieu, Evang., ch. XXIII, vers. 37, 38 et 39.) A ces accents, personne ne saurait en douter : seule la voix du Père de toutes les âmes, est capable ne pas se lasser de les appeler toujours à travers les siècles?

Continuons : « *Je vous le dis, on remettra aux enfants des hommes tous leurs péchés, tous leurs blasphèmes, excepté les blasphèmes contre le Saint-Esprit.* »

Je vous dis qu'il y aura plus de joie au ciel pour un pécheur qui fait pénitence que pour quatre-vingt-dix-neuf justes qui n'en ont pas besoin.

Toute la parabole des ouvriers de la vigne. (S. Matthieu, Evang., ch. xx.)

Ne craignez pas ceux qui ne peuvent tuer que le corps et n'ont pas de pouvoir sur l'âme. Mais plutôt craignez celui qui peut envoyer l'âme et le corps dans la géhenne. (S. Matthieu, Evang., ch. x, vers. 28.)

Le ciel et la terre passeront, mais mes paroles ne passeront point. (S. Luc, Evang., ch. xxi, vers. 33.)

Est-il possible de montrer plus d'indulgence pour ses enfants, de mieux les engager à revenir à leur père, à bien employer le temps plus ou moins long de leur passage sur la terre qu'en leur promettant à tous la même récompense? Est-il possible de leur inspirer plus de confiance et de tranquillité pour accomplir leur devoir au milieu des courants contraires de la vie, que par l'assurance de n'avoir pas à redouter la mort en de pareilles circonstances? Y a-t-il jamais eu un seul homme assez sûr de lui-même pour affirmer que toutes ses paroles demeureront éternellement? Quelle différence avec notre bavardage, et nos discours qui passent comme le vent, trahissant nos faiblesses et nos craintes sur l'avenir de ce monde, tandis que les siens appellent nos pensées, nos désirs vers un avenir sans fin! C'est un Père éternel qui peut seul nous parler ainsi.

Que dire des huit béatitudes célestes annoncées aux hommes? Existe-t-il des paroles plus efficaces pour les aider à supporter patiemment les tribulations *passagères* de ce monde, en leur offrant la perspective d'un bonheur au-dessus de leurs désirs?

Cherchons à comprendre cette parole « : *L'homme ne vit pas seulement de pain, mais de toute parole qui sort de la bouche de Dieu.* (S. Matthieu, Ev., ch. IV, vers. 4.)

Le pain nourrit le corps, mais elle nourrit l'esprit et le cœur! Sur la terre, nous vivons bien de bonnes paroles qui nous donnent des espérances. Comment nos pensées ne seraient-elles pas soutenues par la voix de Dieu, qui, au lieu d'espérances, leur donne des *assurances?* Sa parole, étant la vérité même, doit être éternelle : de plus elle est toujours active, elle est esprit et vie; elle doit donc les communiquer sans cesse à nos cœurs, s'ils veulent bien la recevoir. Il invite l'homme à s'en nourrir, pour goûter toutes les joies possibles. Un père divin seul peut montrer tant d'assurance, de prévoyance et de bonté.

Écoutons le encore dans la parabole de la brebis perdue, de l'enfant prodigue. (S. Luc, Ev., ch. xv.) N'est-ce pas l'Image du Père parfait, qui envoie son Messie à la recherche de tous ses enfants égarés? Quel être a jamais montré une telle sollicitude en dehors du cercle restreint de sa famille?

Examinons ces autres paroles qui respirent à la fois la justice et l'amour :

Si vous pardonnez aux hommes leurs offenses, notre Père céleste vous pardonnera aussi vos offenses, mais si vous ne pardonnez pas aux hommes, notre Père céleste ne vous pardonnera pas non plus vos offenses. (S. Matthieu, ch. VI, vers. 14, 15.)

Ne jugez pas, et vous ne serez pas jugés : en telle forme que vous jugerez, vous serez jugés, et la mesure que vous aurez faite aux autres sera votre mesure. (S. Matthieu, ch. VII, vers. 1, 2.)

Quelle mesure plus juste, plus bienveillante pourrait-on prendre pour engager les êtres à vivre tous en bonne harmonie et à s'aimer davantage ? Que disent les hommes sur la terre ? On les entend calomnier et crier vengeance à toute heure, en tout lieu; ils veulent dent pour dent, œil pour œil : ils sont sans pitié, sans miséricorde. Est-il possible d'établir ici une comparaison entre leur langage et celui de Jésus ? Vraiment, jamais aucun homme n'a parlé comme lui !

§ III

Ses instructions. — La loi unique et éternelle de l'amour parfait.

Ecoutons son commandement : « *Ce que je vous commande, c'est de vous aimer les uns les autres.* (S. Jean, Ev., ch. xv, vers. 17.)

C'est ici mon commandement : que vous vous aimiez les uns les autres, comme je vous ai aimés. (S. Jean, Ev., ch. xv, vers. 12.)

C'est la loi unique, éternelle et universelle de l'amour parfait appliquée à l'Etre suprême et à tous les autres. Elle engendre tous les liens, les plus doux et les plus forts ; elle assure un bonheur sans fin à ceux qui la pratiquent. On peut dire que cette loi régit toute la nature, car elle tend à rapprocher les âmes, comme le principe de l'attraction rapproche les corps. Ceux-ci y obéissent forcément, tandis que nos esprits sont libres de la suivre. Cette différence constitue notre mérite, nos titres à participer au vrai bonheur que nous devons rechercher ; autrement nous serions de simples machines.

Remarquons encore l'unité et l'harmonie qui doivent régner dans le monde entier, lorsqu'on applique cette loi générale aux êtres et à la matière.

Jésus développe les conséquences de cette règle unique, en nous disant : *Vous traiterez le prochain comme vous-mêmes*. Si nous la suivions complètement, nous nous appliquerions à faire toujours plaisir aux autres, nous les rendrions heureux, nous participerions certainement à cette satisfaction générale : c'est alors que nous pourrions nous expliquer cette paro'e : « *Prenez sur vous mon joug, car mon joug est doux, et mon fardeau léger*. (S. Matthieu, Ev., ch. xi, vers. 3o.) Son joug, c'est précisément son unique commandement cité plus haut.

Pour l'apprécier convenablement, les malheurs des temps nous fournissent un critérium remarquable : c'est ce gémissement incessant du peuple qui ébranle aujourd'hui toute la société : la multitude réclame *l'égalité, la fraternité, la liberté*. Or, en traitant le prochain comme soi-même, n'établit-on pas *l'égalité* la plus complète, au-delà même des désirs, et en même temps *la fraternité* la plus parfaite, par la charité et la reconnaissance ? Ce sont là les liens les plus agréables, les plus solides : ils peuvent durer éternellement, tandis que les autres, imposés par ces formules socialistes d'égal partage, produisent des résultats inverses ; elles engendrent naturellement la défense des droits, les divisions, les guerres ; elles arrêtent le développement et paralysent tous les mouvements généreux de l'esprit et du cœur, en les confinant dans le cercle le plus étroit ; de plus, elles deviennent *injustes* en appliquant leur niveau égalitaire à des êtres doués de facultés morales, intellectuelles et physiques très inégales et très différentes.

Quant à *la liberté* personnelle tant désirée, Jésus nous indique le moyen de la posséder « : *Si vous demeurez dans ma parole, vous connaîtrez la vérité, et la vérité vous affranchira. (S. Jean, Ev., ch. VIII, vers. 31, 32.)* En effet, la vérité éloigne l'esprit de l'erreur, du mensonge, et, par sa pratique, elle affranchit les cœurs des désirs trompeurs. Elle nous procure ainsi *la liberté de l'esprit et du cœur.* En leur donnant un contentement qui surpasse toutes les autres satisfactions, elle finit par ne plus nous laisser d'autres pensées que de le rechercher toujours. Pour conquérir la vraie liberté, nous n'avons donc qu'à écouter la parole de Dieu et à la pratiquer le mieux possible. Quand nous aimerons bien les autres, nous n'aurons plus de désirs personnels, nous serons libres de nous-mêmes.

Cette loi de la charité s'applique également au corps de l'homme, qui est le compagnon de l'âme. Nous ne devons donc pas le détruire par les mauvaises passions. En arrêtant le jeu régulier des forces dans la machine humaine, elles la détraquent; elles deviennent la cause de maladies passagères dans le corps, mais éternelles dans l'âme; elles en rompent plus vite l'alliance; elles jettent le désordre au foyer de la vie, dans ce milieu harmonieux destiné à conserver toutes nos impressions.

Ecoutons les conseils de Jésus : « *Ne vous amassez*

pas de *trésors sur la terre où la rouille et les vers les consument, où les voleurs les enlèvent, mais amassez-vous des trésors dans le ciel.* (S. Matthieu, Év., ch. v, vers. 19, 20.) N'est-ce pas la sagesse suprême qui nous engage à n'amasser rien de ce qui passe, mais seulement ce qui doit nous rester toujours, puisque la vie est éternelle. Ne nous entraîne-t-il pas ainsi dans les voies *de la charité,* afin de nous constituer un trésor au ciel?

Méditons ce précepte qui nous paraît si difficile à observer : *Aimez vos ennemis, faites du bien à ceux qui vous haïssent, priez pour ceux qui vous persécutent et vous calomnient.* (S. Matth., ch. v, vers. 44.)

L'inimitié provient de nos méchancetés qui font souffrir en même temps l'innocent et le coupable. Si le premier répond par des bienfaits à son adversaire, il lui ôte le désir de recommencer ses attaques. De cette manière, il enlève la cause même du mal dans le fauteur. Or, celui qui conçoit le mal dans son esprit et dans son cœur, éprouve de pénibles impressions ; en leur laissant prendre racine dans son âme qui *est immortelle,* il en pourra pâtir éternellement, à moins que Dieu n'intervienne. Mais si nous exécutons les commandements célestes vis-à-vis de notre ennemi, nous recevrons le pouvoir divin de guérir un homme d'une douleur susceptible de s'éterniser réellement. Dans le fond, nous sommes assez généreux pour arracher du feu notre semblable, pourrions-nous être insensibles à la satisfaction de le sauver de flammes éternelles? Enfin, si nous sommes incapables de changer ses dispositions, ne devons-nous pas avoir recours à l'Etre infiniment bon et tout puissant, en le priant de délivrer cet infortuné d'un malheur si épouvantable ? Toujours tourmenté par des instincts contraires, l'homme est obligé de reconnaître qu'un tel précepte émane de Celui-là seul qui nous regarde tous comme ses enfants. Faire du bien à ses ennemis est donc la plus grande de toutes *les charités*. Dieu lui-même nous la demande pour tous, afin de sauver le genre humain avec le secours de son Fils unique. N'est-ce pas l'amour parfait qui a dicté de pareilles instructions ? N'est-ce pas la parole même du père de toutes les âmes ?

§ IV

Ses sentiments. — L'amour divin.

En lisant les chapitres xiv, xv, xvi et xvii de l'Evangile suivant saint Jean, ne sommes-nous pas surpris par des accents d'une tendresse inconnue ? Nous allons chercher à les apprécier par une simple comparaison avec les bruits du monde. Ecoutons :

Mes petits enfants, je serai encore avec vous pour un peu de temps. (S. Jean, Evang, ch. xiii, vers. 33.)

Que votre cœur ne se trouble pas ; vous croyez en Dieu, croyez aussi en moi. Je prierai mon père, et il vous donnera un autre consolateur pour demeurer éternellement avec vous : l'Esprit de vérité. Je ne vous laisserai pas orphelins, je viendrai à vous. Celui qui a reçu mes commandements et qui les garde, est celui qui m'aime ; et celui qui m'aime sera aimé de mon Père, et je l'aimerai et me manifesterai à lui (S. Jean, Evang., ch. XIV, vers. 1, 2, 3, 4, 16, 17, 18, 21.)

Le Saint-Esprit consolateur que mon Père vous enverra en mon nom, vous enseignera toutes choses et vous fera ressouvenir de toutes les choses que je vous aurai dites Je vous laisse la paix, je vous donne ma paix : je ne vous donne pas ma paix comme celle que le monde donne. Que votre cœur ne se trouble pas, qu'il ne craigne rien. Je m'en vais, et je reviens à vous. Si vous m'aimiez, vous vous réjouiriez de ce que je vais à mon Père. (S. Jean, Evang., ch. XIV, vers. 26, 27, 28.)

Quand donc sera venu le Consolateur que je vous enverrai de mon Père, l'Esprit de vérité qui procède du Père, il rendra témoignage de moi. (S. Jean, Evang., ch. XV, vers. 26.)

Maintenant vous avez de la tristesse, mais je vous verrai de nouveau, et votre cœur se réjouira, et personne ne vous ravira votre joie. (S. Jean, Evang., ch. XVI, vers. 22.)

Est-il possible d'exprimer un sentiment d'une beauté plus idéale, en nous invitant à croire en lui comme en Dieu, afin que notre cœur délivré du doute et de l'inquiétude, et rassuré par une entière confiance dans ses promesses, ne se trouble pas, ne craigne absolument rien dans le monde. Il désire que nous croyons en lui comme en Dieu, parce qu'alors sa parole serait toute puissante pour nous consoler au milieu de nos misères et de nos douleurs.

Il nous appelle encore ses petits enfants pour nous dévoiler sa grandeur et l'étendue de son amour, et aussi pour augmenter notre confiance.

Voulant nous confirmer à la fois ses préceptes et nos espérances, et les faire passer dans l'intime de l'intime de nos convictions, il nous promet l'envoi d'un autre consolateur : *l'Esprit de vérité.* Nous savons que la lumière divine permet de tout voir, sentir et apprécier ; c'est par la transmission de ses rayons infiniment clairs que l'Etre suprême peut établir la vérité des principes évangéliques auprès de notre faible intelligence. C'est lui qui dirige nos pensées à la recherche de l'inconnu, qui inspire les artistes, qui vivifie les sentiments du beau et du bien, et qui nous anime de bonnes dispositions. *C'est l'Esprit qui souffle où il veut, dont on entend la voix, sans savoir d'où il vient, ni où il va.* (S. Jean, Evang., ch. III, vers. 8.) C'est Dieu lui-même qui parle ainsi mystérieusement à l'intelligence et au cœur de l'homme honnête, qui cherche avec ardeur le vrai, le juste, le beau et le bien ; il le conduit à découvrir et à répéter, *ipso facto,* la même pensée déjà exprimée par Jésus. *il annonce intérieurement à notre esprit ce que Jésus a déjà fait entendre à nos oreilles, et il le confirme de cette façon surnaturelle.* Qui peut ainsi pénétrer les secrets de toutes les âmes pour prophétiser l'accord parfait préexistant entre son propre dire et cette voix intime de la *conscience,* si ce n'est *l'Esprit de vérité lui-même?* Alors naît une confiance sans bornes, qui nous délivre complètement du doute et de l'inquiétude, de ces deux maladies générales de l'humanité.

Après nous avoir donné ce témoignage, Jésus ajoute encore une nouvelle preuve de son amour pour tous les hommes : il ne veut pas seulement toujours les voir et les entraîner à sa suite ; il veut se faire une place jusqu'au fond de leur cœur, pour les inonder de ses joies célestes. Il leur promet de venir les revoir et de se manifester à eux. Comment cela peut-il se faire ? Lui-même en indique le moyen. Il nous invite à l'écouter. On peut le comprendre de la manière suivante :

De même que les êtres aimés, en quittant ce monde, peuvent nous réapparaître en songe comme dans la réalité ; de même Jésus, après nous avoir visités, peut toujours venir nous revoir ainsi et réaliser sa promesse « *Je m'en vais et je reviens à vous.* » Mais ce n'est là qu'un des horizons ouverts par son amour. Lorsque nous l'écouterons en observant ses préceptes, *il apparaîtra véritablement* à notre esprit, qui sera sûr de posséder la vérité absolue ; il le tranquillisera par cette paix intérieure que le monde ne donne à personne, et *il se manifestera* dans notre cœur en lui faisant goûter par moments le bonheur parfait, afin que notre joie soit complète ; car nous aurons alors la conviction que Dieu seul peut communiquer de telles impressions [1]. Il ne se contente pas de nous voir, il vient ainsi habiter jusque dans nos âmes ; il se fait homme de nouveau pour nous ravir avec lui jusqu'au ciel !

Des comparaisons humaines permettront de s'élever plus facilement à la hauteur de ces promesses. *Ne craignons rien :* tous les êtres aimés que nous recherchons encore dans nos souvenirs, reviendront pour réaliser avec nous notre union éternelle en Dieu et par Dieu. Leurs charmes ne sont-ils pas une faible image des douces émanations du divin Soleil des âmes ? Incarnée un instant sur la terre dans les personnes regrettées, plus belle encore elle brillera sans cesse dans le sein de l'Eternel. N'est-ce pas une espérance de les revoir toujours auprès de lui ? C'est ainsi que Jésus reviendra dans sa gloire, rayonnant tous les attraits divins, qui renouvelleront et augmenteront nos sentiments d'adoration pour lui. Ce n'est pas une vaine promesse. Ne craignons rien, c'est un Dieu qui l'a faite.

Pour nous initier aux grandeurs du véritable amour qui ne consiste pas seulement à se laisser aimer, mais plutôt à aimer les autres, Jésus nous enseigne

---

1. C'est l'éclair spirituel qui, en frappant notre intelligence, lui découvre un instant le ciel des cieux.

l'esprit de sacrifice. Il nous dit que si nous l'aimions, nous devrions nous réjouir de le voir s'en aller à son Père. En effet, n'est-ce pas au ciel qu'est le vrai et pur bonheur, auprès de son Père tout-puissant et infiniment bon! Ne devrions-nous pas nous réjouir en pensant aux satisfactions réservées à ceux qui nous devancent sur la terre promise? Quels sentiments plus élevés et désintéressés nous inspire Jésus! Lui, il veut mourir pour nous, afin d'aller nous préparer une place éternelle dans son cœur. Il nous l'apprend en disant : *Il y a plusieurs demeures dans la maison de mon Père; s'il n'en était pas ainsi, je vous le dirais : car je vais vous préparer la place, et quand je m'en serai allé et que je vous aurai préparé la place, je reviendrai, et je vous retirerai à moi, afin que là où je suis, vous y soyez aussi. Et vous savez où je vais, et vous en savez la voie.* (S. Jean, Evang., ch. xiv, vers. 3 et 4.)

En réalité, l'être le meilleur ne peut nous refuser d'exercer le bien dans sa plus grande latitude, même en pensées, par tout l'univers. Il n'a pas tracé de limites à notre amour réciproque dans l'empire des âmes, qui est peuplé par les anges et les trépassés dignes de notre affection. Nous pouvons donc encore communiquer entre nous, de cette manière surnaturelle, d'un monde à l'autre. Les élus et le Messie nous préparent une place à leur côté, en attirant toujours vers eux nos pensées et nos désirs, par cette douce espérance que nous pouvons encore les leur communiquer et contribuer à leur *satisfaction* dans le monde des esprits. En effet, pour ceux qui vivent dans le sein de Dieu, *tout devient visible et sensible :* Ils nous engagent ainsi à toujours bien faire, puisque nous pouvons les faire participer encore à notre vie sur la terre. D'un autre côté, les Bienheureux doivent exercer sur nous une influence mystérieuse incontestable. Plongés dans la lumière divine, qui leur permet, comme au Créateur, de voir nos pensées, ils peuvent, grâce à elle, posséder la faculté de faire luire aussi leurs idées dans notre esprit, et de répandre dans nos cœurs les bonnes dispositions. Sans que nous nous en apercevions, ils peuvent nous conduire de cette manière surnaturelle. Ils formeraient en nous de nouvelles pensées qui engendreraient nos désirs, puis nos actions. Voyant nos imperfections et nos besoins, ils nous transformeraient, en agissant sur notre esprit, en nous communiquant de bons mouvements et en nous aidant par des événements particuliers.

N'est-ce pas là nous préparer une place au ciel, par cette réciprocité de rapports ayant pour but unique le souverain bien? N'est-ce pas un commencement de la vie éternelle et universelle, réalisée par ces relations merveilleuses, fruits d'une charité, d'un amour sans bornes? Enfin, tout ce qui est beau, bien et bon dans les créatures vient de Dieu : en les faisant à son image, il leur a donné quelques-uns de ses charmes qui captivent les cœurs. Pour éterniser son œuvre, il donne aux hommes le désir ardent de se retrouver avec les êtres aimés. Etait-il possible de les engager d'une manière plus séduisante à écouter sa parole qui indique le chemin à suivre pour revoir à jamais dans son sein ceux qui ont quitté ce monde? N'est-ce pas là nous préparer une place dans sa céleste demeure? C'est ce que Jésus nous fait comprendre en disant : « *Il vous est utile que je m'en aille, car si je ne m'en vais, le Paraclet ne viendra pas, mais si je m'en vais, je vous l'enverrai.* (S. Jean, Evang., ch. XVI, vers. 7.) La voix de la raison nous avait déjà conduits à ce résultat, que Jésus nous annonce verbalement [1]. C'est une vérification de sa prophétie, nous annonçant l'envoi de l'Esprit *consolateur,* qui viendra, après son départ, confirmer toutes ses paroles. Il est facile de la confirmer par des exemples humains.

Les disciples de Jésus étaient remplis d'attachement pour sa personne pleine de grâce et de vérité. (S. Jean, Evang., ch. I, vers. 17.) Ils étaient dans la tristesse d'apprendre qu'il allait les quitter. N'en est-il pas de même pour nous tous vis-à-vis des personnes chéries? Nos affections terrestres nous absorbent complètement. Séduits par leurs charmes, nous sommes tout au bonheur présent, visible, nous ne pensons plus au ciel, nous l'oublions. En nous les enlevant, le Créateur nous oblige à croire à l'existence d'un autre monde, et il nous engage à venir à lui parce qu'il est le seul qui puisse nous les

---

[1]. Ce n'est pas une répétition des résultats déjà annoncés dans les titres précédents, c'est une confirmation nouvelle donnée par l'Esprit consolateur !

rendre un jour. A nos efforts, il répond par des consolations mystérieuses, qui fondent cette espérance; l'Esprit de vérité vient peu à peu la changer en certitude. Il nous ouvre ainsi les portes du paradis. Cette séparation nous était donc utile.

Pourrait-on exprimer des sentiments d'amour plus parfaits? Il veut mettre tout en commun, nous faire tout goûter avec lui, avec Dieu, en adressant à son Père cette prière suprême avant de mourir : « *Que tous soient un, comme vous, mon Père, êtes en moi, que de même ils soient un en nous. Je suis en eux et vous en moi, afin qu'ils soient tous réduits en un.* » (S. Jean, ch. XVI, vers. 21, 23.) Qui, avant lui, a montré une telle élévation de sentiments lorsqu'il dit : « *Personne ne peut avoir un plus grand amour que de donner sa vie pour ses amis?* » (S. Jean, ch. XV, vers. 13.) Connaissant toutes nos faiblesses, nous sommes obligés d'avouer que cette pensée n'est même jamais venue à aucun de nous. Alors, Jésus dévoile à ses amis toute sa magnanimité : il leur annonce qu'il va mourir pour eux. Le monde a-t-il jamais entendu rien de plus touchant? Chacun ne se sent-il pas ému de cette promesse inouïe; chacun n'est-il pas tenté de s'écrier en l'écoutant : « Vous êtes véritablement notre Sauveur », et de lui dire comme saint Pierre : « *Vous avez des paroles de vie éternelle.* » (S. Jean, ch. VI, vers. 69.)

Mais que ne devait-il pas accorder au désir d'une Mère, Celui qui se sacrifie pour les autres, pour ses ennemis. Aussi, aux noces de Cana, lorsque Marie dit à Jésus : « *Ils n'ont point de vin,* » son fils lui répond : « *Quid mihi, et tibi est, mulier? Nondum venit hora mea?* Entre les mots *quid* et *mihi* que d'interrogations, que de surprises agréables, que de promesses inénarrables? Parmi toutes ces interrogations, nous pouvons chercher celles qui se rapportent aux causes de la venue du Messie. Pour répondre à sa place, c'est-à-dire pour traduire, il faudrait avoir le cœur du meilleur des fils, et le remplir d'un sentiment d'amour infini. N'est-ce pas sa pensée? « *Qu'est cela pour moi et pour vous, ô la meilleure des femmes?* Vous me demandez bien peu pour eux, je suis disposé à vous accorder bien davantage, je dois leur faire des présents dignes d'un Dieu, je viens leur donner non seulement du vin, mais mon sang à boire *sous les apparences du vin,* afin de les faire vivre éternellement heureux! Vous me demandez seulement du vin en ce jour : *Qu'est-ce que cela pour vous?* J'accorderai toutes les grâces désirables à votre sollicitude pour eux : vous êtes ma mère, ils sont mes frères, je vous donnerai des entrailles de mère pour tous, je vous les remettrai comme vos fils : je descends du ciel pour les y amener. Mais le moment n'est pas encore venu de vous montrer tout mon dévouement : ce n'est pas l'instant propice de vous ouvrir mon testament, le testament de *la nouvelle alliance* : ma dernière heure parmi vous n'a pas encore sonné; je veux vous faire des dieux en ne faisant qu'un avec vous et avec mon Père. La suite du discours confirme ce sens; Marie l'a compris ainsi, elle ne doute pas un seul instant que sa demande ne soit satisfaite, car elle dit incontinent aux serviteurs : « *Faites tout ce qu'il vous dira.* » Etait-il possible de donner en même temps un plus grand témoignage d'amour à sa mère et au monde entier !

§ V

Ses facultés. — La toute puissance.

Après avoir admiré la beauté des paroles de Jésus et reconnu qu'aucun homme n'avait jamais parlé ainsi, nous sommes naturellement amenés à rechercher dans ses actes la confirmation de sa doctrine. Car, s'il est réellement le Messie, il doit briller par l'unité et l'harmonie dans tous ses attributs. A l'époque où il s'incarna, les prodiges rapportés par les Evangiles devaient prouver au peuple que ses paroles étaient prononcées par le Verbe lui-même, descendu du ciel pour enseigner les hommes. Aujourd'hui il est encore possible de développer cette conviction. En effet, il est certain que tous ses disciples l'ont partagée, puisqu'ils ont tous donné leur vie plutôt que de le renier. Pour les contredire, il faudrait admettre qu'eux et tout le peuple Juif ont été victimes de supercheries : or, au milieu de tout ce monde, elles auraient toujours passé inaperçues, malgré le grand nombre de miracles les plus faciles à constater.

De plus, il suffit de lire les Evangiles pour découvrir dans saint Matthieu un homme d'un grand bon sens, dans saint Marc un esprit très précis, dans saint Jean une intelligence hors ligne ; et si nous voulons approfondir les épîtres de saint Paul, nous serons forcés de reconnaître en lui un génie supérieur. Ce dernier, qui était très instruit et de la secte des Pharisiens, s'était montré à l'origine, en toutes circonstances, un ennemi acharné des chrétiens. Le fait extraordinaire de sa conversion déterminée sans aucune participation de leur part, et sans qu'il eût été le témoin direct des œuvres du Christ, donne incontestablement à leur croyance la plus haute valeur intellectuelle et morale qu'on puisse désirer. N'est-ce pas, en effet, un événement unique, destiné à frapper l'imagination, de tout le monde, que de voir un homme connu, instruit et très intelligent, devenir subitement, et sans raison apparente, le défenseur ardent des doctrines qu'il combattait auparavant avec tant d'opiniâtreté ? Le miracle opéré sur la route de Damas en donne la seule explication possible, et vient ajouter encore une confirmation divine à la mission de Jésus.

Comment, du reste, ne pas en convenir ? pour tromper de pareils individus, il aurait fallu être Dieu lui-même, ce qui conduirait encore à la même conclusion, si l'Etre suprême était capable de nous induire en erreur!

Examinons, en particulier, un de ces miracles prodigieux que chacun pouvait constater sur soi-même, car il s'opérait sur ses propres pensées. Ainsi, on entend ses disciples lui dire « *Nous connaissons maintenant que vous savez tout et que vous n'avez pas besoin qu'on vous interroge ; c'est pour cela que nous croyons que vous êtes sorti de Dieu.* » (S. Jean, ch. xvi, vers. 30.) Qui peut connaître toutes les pensées des hommes, sans avoir besoin de les interroger, si ce n'est Celui qui voit jusqu'au fond des cœurs? Il le confirme encore en disant à ses disciples : « *Lorsqu'on vous livrera, ne vous mettez pas en peine de penser ce qu'il vous faudra dire ou comment. Il vous sera donné dans l'heure même ce qu'il vous faudra dire. Car ce n'est pas vous qui parlez, mais l'esprit de votre Père qui parle en vous.* (S. Matthieu, ch. x, vers. 19 et 20.) Celui-là seul qui est un avec Dieu peut savoir comment se forment les idées, et les inspirer sur le champ! Il prédit un phénomène de même nature à ses disciples en les envoyant prêcher l'Evangile à toute créature : « *Voici les signes qui suivront ceux qui auront cru, ils parleront des langues nouvelles.* (S. Marc, ch. xvi, vers. 17.) Qui peut pénétrer aussi infiniment dans les opérations les plus mystérieuses de l'Esprit divin, de ce Maître intérieur seul capable d'apprendre, en un instant, comme au premier homme les différents sons, leur sens et leurs combinaisons pour devenir l'expression de la pensée ? Qui peut disposer de lui et l'envoyer à un moment donné, si ce n'est le Verbe de Dieu lui-même ?

Si nous examinons ses œuvres visibles, nous les voyons semblablement accomplies dans un intervalle de temps infiniment petit, comme il convient à la divinité. Ce sont toutes les opérations impossibles aux hommes, mais les plus faciles à vérifier. Il calme les tempêtes ; il fait arriver au port la barque des apôtres aussi vite que la pensée ; il leur fait opérer des pêches miraculeuses ; il multiplie, à deux reprises, quelques pains, de manière à nourrir plusieurs milliers d'individus ; il guérit de suite, et à distance, les maladies ; il rend la vue aux aveugles-nés, le mouvement aux paralytiques, la vie aux morts et il se ressuscite lui-même, etc...

N'est-ce pas aussi le symbole des œuvres mystérieuses qu'il opère dans les âmes, en effaçant leurs péchés, *source de maladies immortelles,* en les nourrissant de ses paroles *impérissables,* en les remplissant de joies *inaltérables,* et en les faisant passer de la mort *à la vie éternelle !*

Après tous ces prodiges, l'homme pourrait croire que c'est notre Père céleste lui-même, qui est descendu sur la terre, mai. *Jésus* nous confirme sa mission de Messie, en nous apprenant que son Père est plus grand que lui (S. Jean, Ev., ch. xiv, vers. 28) ; car, *le Verbe,* à cette époque, s'est fait homme sur la terre, *et s'est mis à notre place,* en état de victime pour obtenir notre grâce. Il est venu parmi nous conquérir cette gloire immortelle, dans laquelle il doit briller au jour de sa force, au milieu des splendeurs de ses saints. (Psaumes de David 109, vers. 4.) (S. Luc, Evang., ch. xxiv, vers. 25 et 26.)

Ecoutons-le prédire l'avenir :

C'est pourquoi, voici que je vous envoie des prophètes, des sages et des docteurs ; vous tuerez les uns, vous crucifierez les autres, vous les flagellerez dans vos synagogues, vous les persécuterez de ville en ville. Je vous dis en vérité que toutes ces choses viendront sur la race qui est à présent. Et voilà que vos maisons demeureront désertes. Car je vous le dis, vous ne me verrez plus, jusqu'à ce que vous disiez : Béni soit celui qui vient au nom du Seigneur ! (S. Matthieu, Evang., ch. xxiii, vers. 34, 36, 38, 39.)

Tu es pierre, et sur cette pierre je bâtirai mon Eglise, et les portes de l'Enfer ne prévaudront point contre elle. (S. Matthieu, Evang., ch. xvi, vers. 18.)

En vérité, je vous le dis, le coq ne chantera pas, que vous ne m'ayez renié trois fois. (S. Jean, Evang., ch. xiii, vers. 38.)

Voyez-vous tous ces grands bâtiments. En vérité, je vous le dis, ils seront tellement détruits, qu'il n'y restera pas pierre sur pierre.

Alors, on vous livrera aux tourments, on vous fera mourir, et vous serez en haine à toutes les nations, à cause de mon nom.

Cet Evangile du royaume sera prêché par

*toute la terre, en témoignage à toutes les nations,
et après viendra la fin. (S. Matthieu, ch. XXIV,
vers. 2, 9 14.)*

*Le soleil s'obscurcira, et la lune ne donnera
plus de lumière, et les étoiles tomberont du ciel, et
les Vertus des cieux seront ébranlées*[1].

*Le ciel et la terre passeront, mes paroles ne
passeront pas. Mais pour ce jour et cette heure
là, ni les anges mêmes qui sont dans le ciel,
ni le fils ne la savent, ni personne que mon Père.*
(S. Marc, ch. XIII, vers. 24, 25, 31, 32), etc. etc.

La prédication de l'Evangile, qui se poursuit sur
toute la terre, le soutien de l'Eglise, la dispersion
d'Israël, le renversement de son temple, et *toutes
ses prédictions particulières, au sujet des résultats*

---

1. Nous savons aujourd'hui que le soleil est le siège de combinaisons chimiques intenses qui produisent la lumière, et que toutes les étoiles sont aussi des soleils éloignés de nous. Les combinaisons finiront par devenir stables, en raison de la diminution de chaleur avec le temps, et alors toute lumière cessera. Mais tous les soleils finiront par se combiner entre eux par suite de l'unité des lois qui régissent l'Univers dans les plus petites, comme dans les plus grandes masses. Il en résultera une conflagration générale, *Les Vertus des cieux seront ébranlées*[1], les étoiles tomberont du ciel les unes sur les autres. A mesure que la terre se rapprochera du soleil et de la lune, les marées deviendront formidables, et tout le désordre des cieux se répercutera dans l'air, les eaux et jusque dans les entrailles de la terre. (S. Luc, Evang., ch. XXI, vers. 25, 26.)

1. Les Vertus des cieux sont ici les forces mystérieuses, qu font graviter les mondes.

innombrables obtenus par nos prières, sont des faits vérifiés aujourd'hui, depuis plus de dix-huit siècles. Cependant nous ne pouvons nous empêcher de rechercher pourquoi Celui qui a si bien prédit l'avenir, ne sait pas l'heure de la fin du monde. En consultant, seulement nos pensées humaines, nous ne saurions le comprendre. S'il ignore cette heure, c'est qu'il l'a bien voulu, en tant que Messie. Alors, il a dû demander à son Père de ne pas la lui faire connaître! Dans quel but?

Voulant se substituer à l'homme pécheur, et lui servir de modèle, il a dû chercher à ne pas savoir un fait, qu'il était utile au monde d'ignorer, dans l'intérêt même de son salut général, car cette incertitude engage chacun à se tenir toujours prêt à quitter la terre. Puis, comme il vient s'offrir en victime expiatoire jusqu'à la consommation des siècles, il a voulu conserver ainsi à son immolation le même cachet de grandeur morale. En ignorant le terme de son sacrifice, le Messie lui donne toujours la même valeur en esprit. De même que l'homme ignore l'heure de sa mort, lui, désire également ne pas savoir l'heure de la fin du monde! Il ne met pas de limites à son holocauste. En outre, il nous est annoncé comme devant se charger de toutes nos infirmités; celles de l'esprit devaient y figurer d'une manière particulière. Quel acte d'humilité plus en rapport avec sa nature divine, plus conforme à sa mission, pouvait-il choisir pour achever de se montrer comme le plus parfait modèle? Il montre ainsi

qu'il faut se soumettre à la volonté de Dieu, accepter ses mystères, et attendre patiemment l'heure solennelle de ses révélations. Au lever du Soleil divin, ses vrais adorateurs jouiront de satisfactions inénarrables, en voyant se dérouler le spectacle merveilleux du Paradis, où tout sera dévoilé.

§ VI

Ses actes. — La perfection absolue. — La voie, la vérité, la vie.

Jésus commence à se préparer dans la solitude et le recueillement pour remplir la plus grande de toutes les missions. Poussé par l'esprit, il va dans le désert, là où rien ne peut distraire les sens et la pensée, où il se nourrit de la parole de Dieu. Il y jeûne pendant quarante jours et quarante nuits, et, montrant une confiance infinie en son père, il repousse toutes les tentations par la seule vertu de la parole céleste. (S. Matth., ch. IV.) En effet, enracinée dans l'âme fervente, n'est-elle pas assez puissante pour chasser les mauvaises pensées soufflées par les démons? Après cette préparation, il attire le peuple à lui par sa conduite et ses prodiges; il en profite pour l'instruire et le consoler par des espérances inouïes. Il lui annonce des béatitudes sans fin, pour l'aider à supporter avec patience les afflictions de ce monde. N'est-ce pas ici la *bonne nouvelle venue du ciel?* (S. Matt., ch. v.) Il délivre les hommes des inquiétudes de la vie, en leur inspirant une confiance sans bornes dans la bonté et la prévoyance du Tout-Puissant. (S. Matt., ch. vi. vers. 25 et 34.) Il confirme sa mission de Sauveur, en ne jugeant et ne condamnant personne, (S. Jean., Evang., ch. viii), en pardonnant, (S. Luc., Evang., ch. vii, vers. 35 à 50; ch. xxiii, vers. 34), en rendant confiance aux pécheurs, (S. Matth., ch. xx, vers. 1 à 16), en les engageant à faire pénitence. S. Luc., Evang., ch. xv, vers. 4 à 40), en déléguant ses pouvoirs à ses disciples, en instituant l'Eglise sur des bases inébranlables. Il guérit toutes les maladies du corps et de l'âme; il nous donne à tous l'exemple; il se fait le serviteur des autres. (S. Jean., Evang., ch. xiii, vers. 5 à 15); il n'a point de péchés, et il refuse le rôle d'accusateur et de juge sur la terre; il fait du bien à tous, il demande grâce pour ses persécuteurs, et il veut nous sauver de toutes les souffrances! Après avoir accompli des prodiges que personne n'avait jamais vus, il s'humilie en disant que son Père est plus grand que lui. A cet acte d'abaissement volontaire, nous qui souvent méconnaissons la supériorité de Dieu, en critiquant ses œuvres, ne devons-nous pas reconnaître notre parfait modèle? Enfin, il nous prouve qu'il est le vrai Pasteur des âmes, parce qu'il est le seul, qui veuille bien offrir sa vie pour les sauver. (S. Jean, Ev., ch. x, vers. 11 et 15.) Avant de mourir, il prie son Père pour nous tous. « *Je prie pour tous ceux qui croiront en moi, afin qu'ils soient tous une même chose, comme vous mon Père êtes en moi, qu'eux-mêmes ne soient qu'un avec nous.* (S. Jean, Ev., ch. xvii, vers. 20, 21.)

Ce qui est digne de toute notre admiration dans cette unification mystérieuse, c'est toujours l'exemple donné à l'appui de la doctrine. Jamais l'humanité n'a été témoin d'un acte de courage et de générosité plus sublime que celui de la Passion. Jamais, avant lui, aucun être n'a montré une telle douceur, une telle patience et une telle résignation que dans cette ascension au Golgotha. Sur le gibet, en proie à toutes les tortures morales et physiques, au lieu d'éclater en cris de douleurs, sa voix domine le tumulte de la foule pour adresser à son Père une prière de pardon, en faveur même de ses bourreaux. Cette prière, faite pour la première fois, dans ce terrible moment, prouve à elle seule que le *Crucifié* est bien *le fils unique de Dieu.* N'est-ce pas un sentiment d'amour infini qui lui dicte ces paroles d'indulgence encore inconnues sur la terre? Là, tous les hommes doivent reconnaître encore leur Maître et s'incliner au pied de la croix, en s'écriant comme le centurion romain de garde « *Vraiment celui-ci était le fils de Dieu.* » (S. Matth., ch. xxvii, vers. 51.)

Mais ce n'est ici que le commencement du sacrifice d'un Dieu. Jésus, notre frère immortel, ne peut changer, il doit toujours conserver son caractère de Messie, tant qu'il y aura des âmes à sauver. Son cœur, c'est à la fois, celui d'un père, d'une mère, d'un frère, d'un fiancé, qui verraient l'être aimé sur le point de tomber au milieu de flammes éternelles : ils seraient tristes jusqu'à la mort et ils se dévoueraient pour le délivrer. C'est ce que Jésus nous fait comprendre en disant : *Je suis le pain vivant descendu du ciel, celui qui mangera ce pain vivra éternellement, et le pain que je donnerai, c'est ma chair pour la vie du monde.* (S. Jean, Evang., ch. VI, vers. 51, 52.) *Prenez et mangez, ceci est mon corps. Buvez en tous, car ceci est mon sang, le sang de la nouvelle alliance, qui sera répandu pour* plusieurs, *en rémission des péchés.* (S. Matth., ch. XXVI, vers. 26, 27, 28.) *Faites ceci en mémoire de moi.* (S. Luc, Evang., ch. XXII, vers. 19, saint Paul aux Corinth., I, ch. XI, v. 24, 25.) *Car toutes les fois que vous mangerez de ce pain et boirez de cette coupe, vous annoncerez la mort du Seigneur, jusqu'à ce qu'il vienne.* (S. Paul, Corint., I, ch. X, vers. 26.)

C'est l'esprit qui vivifie, la chair ne sert de rien, la parole que je vous dis est esprit et vie. (S. Jean, ch. VI, vers. 64.) Il veut passer entièrement en nous corps et âme, pour nous faire des Dieux avec lui. (S. Jean, Evang., ch. X, vers 34.) Il veut s'unir à nous de la façon la plus intime par l'esprit et le cœur, afin de nous rendre semblables à lui. A notre tour, il faut donc le seconder en l'imitant, c'est alors qu'il viendra faire sa demeure en nous. Désirant amener les hommes à Dieu, il s'offre à eux dans l'Eucharistie d'une manière continue jusqu'à la consommation des siècles, afin de les sauver tous, s'ils le veulent. A la messe, son sang doit couler [1] jusqu'à ce qu'il ait enfanté le monde entier à la vie spirituelle. C'est un sacrifice *incessant* que le cœur de l'homme ne saurait comprendre. A ce signe, il ne peut plus en douter, il est en présence de son Seigneur. Jésus est donc bien appelé le divin époux des âmes, et il a droit à *toutes nos adorations.*

La première femme a été tirée d'une côte d'Adam, mais Jésus est l'époux de l'âme humaine ; après la résurrection générale, *en vertu de la communion déjà faite ici-bas,* l'âme sera revêtue d'une chair incorruptible *tirée de celle du Christ,* et dans cette chair circulera éternellement son sang divin ! C'est ainsi que ses paroles ne passeront pas. A la cène du Paradis, l'Epoux céleste viendra s'incorporer à nous, apportant à nos sens émerveillés, les senteurs de toute la nature purifiée et renouvelée, unissant notre esprit à la vérité éternelle, *au Saint-Esprit,* mariant nos cœurs à l'amour sans tache et sans fin dans le sein *du Père* infiniment bon. Il réunira en un *nos corps, nos esprits et nos cœurs,* remplissant cette trinité humaine des délices de la Trinité divine.

---

1. Comme sur la croix quoique sous une forme étrangère. (Bossuet, *Méditation,* LXIIe jour, 5, ξ.) — Voir l'Apocalypse de S. Jean, ch. IV, vers. 6).

CHAPITRE II

Saint Jean le Précurseur nous annonce que la grâce
et la vérité ont été faites par Jésus. (S. Jean, Evang.,
ch. 1, vers. 17.) Saint Jean l'Evangéliste l'a vu dans
sa gloire, plein de grâce et de vérité. (S. Jean, Evang.,
ch. 1, vers 14.) On doit donc s'attendre à trouver une
harmonie parfaite dans toute sa personne. Au point
de vue physique, tous les actes extérieurs de sa vie
devaient se traduire par les marques extérieures les
plus gracieuses, les plus belles, en vertu de son origine céleste. Les récits des apôtres, sans entrer dans
aucune recherche à ce sujet, les signalent en plusieurs
circonstances.

Quand il parle, il met en jeu toutes les fibres susceptibles de résonner à son appel. La voix d'un
époux fait tressaillir de joie le cœur de sa bien-aimée;
de même celui qui se présente comme l'époux de
l'âme humaine, doit savoir en toucher les cordes sensibles. Les satisfactions éprouvées par celles qui l'ont
déjà entendue intérieurement, renaissent de nouveau

à sa parole, elle en renouvelle plus vivement les charmes. C'est ce qui faisait dire à saint Jean le Précurseur : « *Celui qui a l'épouse est l'époux, mais l'ami de l'époux, qui est présent et qui l'écoute, est transporté de joie par la voix de l'époux, et c'est par là que ma joie s'accomplit.* » (S. Jean., Evang., ch. III, vers. 29.) A ses accents, les brebis reconnaissent la voix de leur Maître, du bon pasteur « *mes brebis entendent ma voix, je les connais, et elles me suivent.* » (S. Jean, Evang., ch. X, vers. 27.) Elles entendent exprimer par des paroles sensibles aux oreilles, ce que la voix de la conscience leur dit intérieurement. C'est pourquoi, frappées par cet accord mystérieux, elles reconnaissent la voix venue du Ciel !

Celui qui était l'harmonie en personne devait, par les sons sortis de ses lèvres, la faire apprécier de tous ses auditeurs, surtout de son disciple favori. Aussi saint Jean est représenté dans la Cène, penchant sa tête sur la poitrine de Jésus, comme attiré involontairement par des charmes mystérieux. Reconnaissant la voix du Verbe incarné, il sentait ce souffle même qui donne la vie. Parvenue aux sources de la lumière et de l'amour, son âme remplie de délices était plongée dans une muette adoration, et se reposait dans le sein de la vérité éternelle. Cette circonstance fait mieux comprendre comment son Evangile répand toujours la lumière et la vie qui l'avaient inondé.

Cette voix de Jésus embrasait le cœur de ses deux disciples auxquels il révélait le sens des écritures, en cheminant sur la route d'Emmaüs. N'était-ce pas là une manifesration de ce premier principe des âmes, ce feu si rapproché d'eux en ce moment, qu'ils en ressentaient l'ardeur, depuis sa résurrection?

Sous l'empire de ce même attrait, Marie se mettait à ses pieds pour l'écouter plus à son aise, et les officiers envoyés pour le saisir s'en retournaient sans avoir osé le toucher, tant ils étaient émus par cette parole.

Des perfections si grandes avaient séduit matériellement ses disciples qui ne pouvaient se détacher de lui. Jésus leur reproche cet attachement grossier, qui était la principale cause de leur tristesse au moment où il leur annonce sa mort et son retour à son Père. Ses moindres actes étaient empreints de charmes faciles à concevoir : il est même possible de les constater encore aujourd'hui dans une certaine mesure. En effet, il doit être donné de les reproduire, en faisant comme lui; alors nous éprouverons des impressions semblables, qui devront se manifester extérieurement *par des grâces particulières*. Tous les plus grands artistes les ont remarquées; c'est à cette source sacrée qu'ils ont puisé leurs plus belles inspirations. *Jésus nous présente donc des modèles où l'on trouve à la fois réunies toutes les beautés physiques et morales!*

Convaincu maintenant de l'arrivée du Messie sur la terre, nous pouvons chercher à le revoir encore dans nos pensées, sans espérer toutefois une vision complète, puisqu'il dit : « *C'est la vie éternelle de vous connaître, vous qui êtes le seul vrai Dieu et Jésus-Christ que vous avez envoyé.* » (S. Jean., Evang., ch. XVII, vers. 3.) L'entrée des cieux est interdite à tous les humains pendant leur passage sur ce globe, et personne n'oserait s'aventurer vers ces mystérieuses régions, pour en découvrir le souverain Maître, s'il n'avait daigné venir au-devant de nous. Ainsi, il nous a enseigné qu'il avait créé l'homme à son image et à sa ressemblance. En effet, ces êtres aimés dont les soins et l'affection nous retiennent auprès d'eux, ne sont-ils pas des images de ses bontés, de ses charmes célestes placés sans cesse devant nos yeux pendant le cours de la vie.

Cependant, en considérant l'ensemble des hommes qui nous entourent, nous serions bien tentés de ne leur trouver aucun trait de ressemblance avec un modèle divin, si nous ne savions que l'œuvre primitive a éprouvé des dégradations épouvantables depuis sa première chute. Elle serait devenue méconnaissable, par suite de nos fautes répétées, si le Créateur n'avait formé de nouveau l'homme à sa ressemblance, en lui donnant une seconde naissance spirituelle. Il la puise encore dans le sein de la famille élevée par Jésus, c'est-à-dire régénérée par les sentiments chrétiens. Là, il nous apprend sans peine à pardonner et à donner comme lui à nos enfants, à nous sanctifier et à nous sacrifier pour eux. De plus, en appelant généralement tous les hommes ses enfants, il les invite à se regarder comme des frères et à se conduire d'après ce principe. Pour nous aider et nous confirmer dans cette voie, Dieu a fait à chaque homme des dons particuliers qui lui permettent de secourir les autres et de s'en faire aimer. C'est de cette façon qu'il nous engage à l'imiter, en formant nos esprits et nos cœurs à son image pour devenir les membres de sa grande famille céleste. *Alors, il nous apparaît comme un Père infiniment bon ! C'est le divin Soleil des âmes, chacun de ses rayons immortels, renferme un charme et un attrait particuliers.* Comme un simple trait de lumière blanche se décompose en traversant les corps pour nous montrer toutes les couleurs les plus variées, de même l'effusion de ses grâces divines, en touchant les cœurs, se transforme et se divise pour nous découvrir toutes les beautés morales. C'est le brillant arc-en-ciel qui doit former sa couronne de gloire. Réunissant en un seul faisceau tout ce qui est bon, beau et bien, nous pouvons, à l'aide de ce flambeau, entrevoir en partie l'image de notre vrai Père.

Nous pouvons déjà essayer de nous représenter un homme parfait. Ce n'est qu'un atome dans l'espace, mais il est susceptible d'être envisagé comme un centre, où viennent converger des rayons partis de tous les points de l'univers pour lui représenter l'ensemble de la création, et produire sur lui les effets les plus divers. Ainsi, il nous est facile d'imaginer une personne *douce, humble, chaste, zélée, patiente, charitable et résignée,* ayant toutes les facultés possibles et les attraits reconnus dans les créatures qui nous inspirent la sympathie, l'amour, l'admiration, etc.

Si cet être, conçu dans notre esprit, prenait un corps, nous l'aimerions de toutes les forces contenues dans chacun des sentiments variés qui font l'ornement des cœurs [1]. Hé bien ! nous savons maintenant qu'il est venu sur la terre un homme bien autrement grand : *c'est le Verbe fait chair : le fils unique de Dieu, le miroir sans tache de son incompréhensible Majesté, de sa beauté immortelle, l'image de sa bonté parfaite, la douce vapeur, l'émanation de sa clarté et l'éclat de son éternelle lumière.* (Bossuet).

Disparu aujourd'hui à nos yeux matériels, le tableau de ses perfections divines, commencé avec nos connaissances actuelles, ne serait que le plus pâle reflet de leurs inénarrables beautés. Parfois seulement, il vient visiter les âmes d'élite, qui se distinguent par leurs grandes vertus. Elles seules aperçoivent la figure mystérieuse entrevue à notre berceau, presqu'au sortir de ses mains. Au ciel, seulement nous jouirons d'un privilège inconnu ici-bas : nous aurons le bonheur d'adorer Dieu au-delà de toute expression humaine, à la manière des anges, nos frères. Alors, comme le meilleur des Pères, il ouvrira son cœur à ses enfants, qui goûteront tous ses charmes à peine sensibles ici-bas dans les personnes aimées. Ce seront toutes ces impressions de joie partagées, qui nous uniront à lui et entre nous en une seule famille ! Mais en ce moment,

---

1. Marie, ayant tous les charmes, les qualités, les trésors d'amour renfermés dans le cœur des vierges et des mères, n'est-elle pas ce type idéal conçu par notre imagination ?

nous devons nous écrier en toute humilité avec Bossuet « *Je me perds, je crois, j'adore, j'espère voir,
je le désire; c'est là ma vie!* »

C'est lui qui nous donne le plaisir de sentir et
d'aimer. Ces créatures, parfois si belles, qui charment
tout le monde, sont l'œuvre de ses mains : cependant
elles ne sont que de faibles images de ses perfections.
Ici-bas, elles nous apparaissent comme une énigme,
pour nous apprendre à voir, à rechercher, à travers
ces voiles, la beauté et la bonté infinies, et à aimer
par dessus tout leur divin Auteur; elles nous rapprochent du ciel, vers la source mystérieuse de tous les
amours, qui doit rejaillir à la vie éternelle. Alors,
seulement « *ce que l'œil n'a point vu, ce que l'oreille
n'a point entendu, ce qui n'est point venu dans
l'esprit de l'homme, c'est ce que Dieu a préparé
pour ceux qu'il aime.* (S. Paul I, Corint., II, 9.)
Ah! quelles surprises ne devons-nous pas attendre de
la part d'un Dieu! C'est ce que l'Apôtre saint Paul a
vu, a entendu, a ressenti, en arrivant au troisième ciel,
où il avait été ravi ; là, il a ouï des choses pleines de
mystères, dont il n'est pas permis à un homme de
parler. (II Corint., ch. XII, vers. 2, 3, 4.) C'est Dieu
qui a communiqué aux créatures leurs charmes particuliers, leurs différentes qualités; nous concevons
facilement la toute-puissance de leurs attraits réunis
dans un seul être. Nous comprenons les sentiments de
reconnaissance pour les bienfaiteurs; or, c'est lui
qui les inspire, qui a tout donné le premier. Montons
plus haut, mettons-nous à la place d'un coupable,

d'un prisonnier, d'un condamné à mort, et prenons ses sentiments, au moment où un être magnanime viendrait se substituer à lui, à l'insu de tout le monde ! Que notre cœur s'élance jusqu'aux dernières limites où l'imagination se perd en désirs d'amour, jamais, non, il ne pourra trouver de bornes au dévouement de l'Etre infiniment bon ! Plongé dans la nuit éternelle, voyons-nous, en songe, tomber des hauteurs immenses du ciel vers un océan infini de flammes : déjà nous entendons les cris épouvantables des damnés, les hurlements des démons, nous apercevons leurs figures hideuses, leurs contorsions, déjà nous ressentons en esprit les premières atteintes des tourments sans fin : la terreur et le sombre désespoir envahissent nos âmes ; mais à l'instant où nous nous croyons perdus sans retour, apparaît un génie bienfaisant qui se transforme en notre image, et vient nous délivrer de nos angoisses, en se substituant complètement à notre personne. Or, ce rêve est la plus grande des réalités. Jésus prend à chaque instant la figure du pécheur, pour s'offrir comme victime à sa place. Nous observons que tous les corps matériels s'attirent : semblablement, regardons s'élever du milieu des flammes vers leur Sauveur, les âmes du Purgatoire entraînées par la puissance mystérieuse qui attire les cœurs. *De tous les points de l'univers,* suivons-le dans son ascension triomphale vers les cieux, entouré des captifs délivrés, en compagnie des anges qui chantent ses louanges. Quelle ne sera pas la joie du meilleur des pères, en recevant son fils bien-aimé qui lui ramène tous ses enfants égarés! Voilà des mystères sublimes qui se renouvellent sans cesse. Lorsque nous serons appelés à être les témoins de ces scènes inénarrables, quels cris d'admiration, quel *Magnificat*, quel *Hosanna*, quels concerts d'allégresse retentiront dans l'univers! Nous participerons alors à la joie d'un Dieu! Elevons-nous toujours plus haut ; nous ne pourrons jamais atteindre à la hauteur des sentiments inspirés par un amour *infini*. Au ciel, seulement, il nous sera donné d'apprécier toute l'étendue de cette parole qui retentit à travers les siècles, de ce sacrifice qui dure des siècles, de cet amour qui passe les siècles! « *Dieu a tant aimé le monde, qu'il a donné son fils unique, afin que celui qui croit en lui ne périsse pas, mais qu'il ait la vie éternelle..... afin de sauver le monde.* » (S. Jean., Evang., ch. iii, vers. 16 et 17.) Voilà les sentiments divins!

Pour voir Dieu, le comprendre et l'aimer, il faut chercher à devenir semblables à lui : en l'imitant, avec son aide nous ferons nos esprits et nos cœurs à son image, nous reproduirons une figure de lui-même, de son fils unique, et nous serons dignes d'être appelés ses enfants adoptifs. Pour le voir, il faut rentrer dans son sein, en rendant la vie qu'il a donnée. Pour le voir dans toute la splendeur des Cieux, au milieu de sa cour céleste parée de toutes ses beautés, réflétant toutes ses bontés; pour jouir de toutes les délices de l'amour, d'un amour *infini*, il faut mourir et mourir pour l'amour de lui !

CHAPITRE III

PRÉAMBULE

Nous savons que notre esprit se développe par le
travail et s'élève sans cesse; il en est de même pour
le cœur, il peut se former et grandir par la pratique
du bien dans tous les actes de la vie. Des comparaisons, puisées dans les phénomènes matériels, vont
nous permettre de mieux représenter ces idées. Ainsi,
comment parler des qualités d'un mets ou d'un fruit,
avant de l'avoir goûté? Or, la parole de Dieu, qui a
donné la vie à nos âmes, doit être un aliment pour
elles; mais il faut également la faire passer dans nos
esprits, et en user dans notre conduite pour connaître
ses vertus. Or, nous avons constaté, en chacun de
nous, l'existence d'un appareil merveilleux pour faire
des expériences morales; *c'est la conscience.* Toutes
les fois que nous transformons les pensées en actes,
elle éprouve des impressions en rapport avec la na-

ture des actions qu'elles inspirent. Jésus nous invite à vérifier ainsi sa doctrine, en disant : *Celui qui fera la volonté de Dieu, connaîtra si ma doctrine est de lui, ou si je parle de moi-même.* (S. Jean, Evang., ch. VII, vers. 17.) Comme elle contient des commandements, des lois à observer, nous pouvons les soumettre au contrôle d'expériences répétées. Quand nous les observons, en y conformant exactement notre conduite, nous éprouvons, chaque fois, un sentiment de satisfaction intime qui s'accentue de plus en plus, ou nous vérifions les résultats prédits. Pour contre-épreuve, si nous faisons l'opposé, nous ressentons des remords, des peines. Dans les deux cas, notre conscience intervient pour constater ces effets si différents, et en conserver une trace durable, qui lui permettra d'établir son jugement. Voilà les fruits de l'expérience de chacun ; ils lèvent tous les doutes et assurent à notre intelligence, que notre cœur ne se trompe pas.

Les tableaux de la vie de famille nous confirment ces vues. En effet, si les parents témoignent toute leur satisfaction à leurs enfants dociles, il est certain que notre Père céleste doit agir pareillement envers nous, dès nos premiers pas dans la voie sacrée. Jésus nous l'apprend en disant : « *Si quelqu'un m'aime, il gardera ma parole, et la parole que vous avez ouïe n'est pas de moi, mais de mon Père qui m'a envoyé, et mon Père l'aimera, et nous viendrons en lui et nous ferons en lui notre demeure.* » (S Jean, Evang., ch. XIV, vers. 23, 24.)

Sa demeure! n'est-ce pas le spectacle du ciel? C'est la terre promise! Si donc nous pratiquons le commandement unique de l'amour parfait, nous devrons éprouver les plus grandes satisfactions. Nous vérifions ainsi *expérimentalement* la loi, en y découvrant *les sources véritables des joies intimes,* qui dérivent de nos bonnes actions; car *le royaume de Dieu ne vient pas avec des marques extérieures.* (S. Luc, Evang., ch. XVII, vers. 20.)

Les sources de renseignements. — Les sens, l'esprit et le cœur.

Pour vérifier expérimentalement la loi unique et universelle, l'homme découvre en lui-même trois sources d'impressions fort différentes, qui peuvent servir à établir son jugement.

La première prend naissance dans le corps et communique avec l'âme, par le canal des sens : elle tarit et se perd avec lui et avant lui.

Les deux autres se trouvent dans l'esprit et le cœur : Le premier vit de pensées, et le second des actions qu'elles enfantent. *Or, la vérité que nous recherchons n'est qu'une des faces immortelles de tout ce qui est juste, beau et bien :* C'est par l'étude de ces divers caractères que nous pouvons arriver à une connaissance plus complète des choses. La vérité, qui est éternelle, doit communiquer cette propriété à la justice, sa compagne inséparable, et à plus forte raison au souverain bien, à l'amour parfait, qui les contient et s'étend au-delà de leurs limites, parce qu'il s'élève au-dessus de la justice même.

Pour nous éclairer de tous côtés, n'est-ce pas là que nos pensées devraient aller chercher des impressions de même nature qu'elles, impérissables, au lieu de s'attacher à celles des sens qui passent comme le corps? Mais d'où vient donc que les hommes font tout le contraire? Bossuet présente, à ce sujet, les réflexions suivantes, puisées dans son sermon pour le jour de la Purification de la sainte Vierge. « Nous « sommes si aveugles que ce qui est immatériel nous « semble une ombre, un fantôme ; ce qui n'a point de « corps, une illusion; ce qui est invisible, une pure « idée, une invention agréable . . . .

« Nous avons voulu goûter seulement les plaisirs « des sens, nous avons perdu le goût des plaisirs cé- « lestes, et nous sommes arrivés à ressembler aux « animaux muets et déraisonnables . . . . . .

« La raison, ministre des sens, est appliquée toute « entière à les servir, et ne peut se déprendre de ces « pensées sensuelles ». On peut ajouter les remarques suivantes : Le fracas de la tempête éteint tous les autres bruits dans la nature; semblablement, les passions qui grondent dans nos cœurs les rendent insensibles aux plus fines, aux plus délicates impressions ; car celles-ci sont douces comme les bonnes pensées, délicieuses comme les bonnes actions, qui en sont les fruits. Comment donc nous initier à cette connaissance ?

L'œuvre de Dieu doit former un tout parfaitement un. Par suite, certaines lois d'harmonie unissent le corps à l'âme. Nous pouvons donc regarder nos sens *matériels* comme les images de sens *spirituels* correspondants, renfermés dans l'âme, au centre de la vie. C'est en ce point qu'ils concourent pour agiter ces fibres invisibles, dont les vibrations causent les sensations et en conservent le souvenir. Ainsi, à nos yeux matériels correspondent ceux de l'esprit, qui voit les choses et les personnes absentes ; à l'oreille extérieure correspond une oreille intérieure, qui entend toujours les bruits passés ; à notre cœur charnel, remué par les passions, répond un autre cœur, dont toutes les fibres mystérieuses sont touchées par les pensées et les actes. Leurs accords engendrent les harmonies intimes, qui sont la cause de nos joies. Ces satisfactions doivent naître, aussitôt que nous cédons aux impulsions divines. Or, si la parole de Jésus est d'origine céleste, elle ne peut cesser de vibrer dans l'éternité : elle doit donc renouveler tous ses charmes aux fidèles en leur répétant toujours, à travers les siècles et au-delà des siècles, le commandement le plus paternel : « *Aimez-vous les uns les autres* ». Si nous l'écoutons, elle nous découvrira ces deux

sources merveilleuses, où l'on puise la foi et l'a-
mour.

§ II

Préparatifs d'expérience. — Aide de Dieu.

Nous ne pouvons juger que d'après une base, un
instrument de comparaison, qui existe forcément en
chacun de nous. Or, une expérience journalière vient
nous confirmer cette maxime vieille comme le
monde « *Tot homines, tot sensus* ». Cependant la
vérité est une, absolue ; il n'y a qu'un seul vrai jugement à porter sur les choses. Il faut donc en conclure
que les bases de nos appréciations, qui devraient être
identiques pour tous, ne sont pas les mêmes en chacun
de nous ; qu'elles ne sont pas les représentations
exactes, complètes de la vérité. Il est facile d'expliquer cette anomalie.

Les sentiments, qui constituent notre individualité,
sont principalement le résultat de l'éducation reçue
ou puisée dans le milieu qui nous entoure ; ils proviennent surtout de notre manière de voir et de faire,
suivant les modèles que nous nous sommes tracés.
Comme aucun de nos actes n'est parfait, comme les

modèles adoptés pour nos actions diffèrent toujours par quelques réserves variées, que ne comportent pas le bien absolu ni la vérité, il est tout naturel que nos appréciations varient comme nos termes de comparaison. Leur diversité étant bien constatée, il y a donc nécessité absolue de rechercher un modèle divin. Ne voyons-nous pas déjà pourquoi Dieu est intervenu, et nous a donné une loi. C'est celle que Jésus nous invite à expérimenter.

Mais pour faire convenablement des expériences morales et éviter toute cause d'incertitude, l'observateur doit se préparer d'avance et approprier ses appareils d'investigation. Il faut d'abord laisser son esprit et son cœur en repos, et effacer les taches, les égarements du passé qui nous entraîneraient dans une fausse voie. En réparant le désordre de nos pensées qui obscurcit l'intelligence ; en résistant au souffle des passions qui troublent la raison, nous arriverons à une période de calme indispensable pour consulter le miroir de l'âme. Après avoir chassé toute les vapeurs malsaines qui pourraient le ternir ; après avoir détruit les causes d'erreur qui proviennent de notre genre de vie défectueuse et de nos fautes constantes, nous jouirons d'une paix et d'une sérénité complètes ; alors la pure lumière du Ciel pourra pénétrer jusque dans nos âmes, et chasser les ténèbres qui les environnent, comme nous venons de le démontrer.

Mais avant de rien commencer, Dieu vient au devant de nous ; il nous fait dire par Jésus que, *sans lui nous ne pouvons rien faire* (S. Jean, Evang., ch. xv, vers. 6.) Nous sommes obligés de le reconnaître à chaque instant. L'homme est incapable de faire rien de parfait, d'absolument bon sans y apporter quelque restriction; seul, sans aide, il est tout à fait impuissant pour résister aux tentations qui l'obsèdent. Pour connaître ainsi d'avance toutes nos faiblesses et nous tendre une main si secourable, il faut être un Père divin.

En effet, sans lui, comment pourrions-nous essayer même de lutter contre les puissances diaboliques, nos folies, nos passions, nos craintes, nos douleurs morales et nos infirmités de toute espèce? Elles sont nombreuses et fortes comme une grande armée qui vient ravager nos âmes, y semer la ruine et la désolation. D'avance, nous savons tous que, sans le secours du Tout-Puissant, il est impossible d'entamer le combat contre cette légion d'ennemis invisibles. Ne sommes-nous pas engagés à l'implorer? Pourrions-nous douter de son appui, lorsqu'il nous fait dire : « *Demandez et vous recevrez, cherchez et vous trouverez, frappez et l'on vous ouvrira.* » D'abord, c'est lui qui nous a donné la connaissance du bien et du mal. Il intervient ensuite, en nous envoyant les remords, les chagrins. Comme personne ne peut les faire cesser, ne vous invite-t-il pas encore d'une manière pressante à nous adresser à lui? Alors il nous inspire le repentir; il nous montre la pénitence comme une juste peine à subir pour rentrer en grâce, et il nous pousse à reconnaître nos fautes, en les avouant à ses représentants, auxquels, dans sa sollicitude, il a délégué le pouvoir de nous absoudre. Il a dit en effet aux apôtres : *Tout ce que vous liere\z sur la terre sera aussi lié dans le ciel, et tout ce que vous délierez sur la terre sera aussi délié dans le ciel* (S. Matthieu, ch. xviii, vers. 18). *Ceux dont vous remettrez les péchés, ils leur seront remis, ceux dont vous retiendre\z les péchés, ils leur seront retenus.* (S. Jean, Evang., ch. xx, vers. 23.) Après notre soumission à ces épreuves, il rend à nos cœurs une paix sans pareille, *qui est un sûr garant de notre pardon.* Alors il augmente notre horreur pour le mal, et notre amour pour le bien. Mais dans le même individu, les vices ne peuvent rester longtemps en compagnie des qualités *qui présentent un caractère opposé.* Il doit se produire à la fin une lutte forcée, à laquelle Dieu ne peut manquer de prendre part pour seconder nos bons mouvements. Il délivre nos âmes des remords et des désespoirs qui les assiégeaient et nous assure la victoire. C'est de cette manière qu'il manifeste son aide, son pouvoir divin. Il est aussi le seul qui puisse le déléguer à ses ministres, pour nous remettre sans cesse dans la bonne voie. Qui aurait jamais pensé à donner aux hommes des secours spirituels si *consolants?* Tous les vrais fidèles en ont *éprouvé l'efficacité.*

Après avoir rétabli l'équilibre moral, détruit par nos fautes, dans ce milieu harmonieux de l'âme, Jésus nous indique les moyens pratiques à suivre pour le maintenir. Il nous dit :

Veille\z et prie\z de peur d'entrer en tentation,

l'esprit est prompt, mais la chair est infirme. (S. Matthieu, Evang., ch. XXVI, vers. 41.)

Veillez et priez en tout temps. Prenez garde à vous, de peur que votre cœur ne s'appesantisse dans la bonne chair, l'ivrognerie et les soins de cette vie. (S. Luc, Evang., ch. XXI, vers. 34, 36.)

En employant les forces de la volonté à veiller et à élever nos pensées vers Dieu, nous éteignons peu à peu les désirs, les ardeurs malsaines de l'esprit et les convoitises de la chair. En effet, notre esprit ne pouvant être occupé que d'une seule pensée à la fois, échappera aux tentations, s'il se dirige constamment vers Celui qui voit tout ; pendant ce temps, il ne pourra se laisser aller aux mauvais désirs. Il lui faudrait fuir sa présence et l'oublier. Mais bien prier, n'est-ce pas être avec Dieu ? Alors, qui peut en douter ? il nous soutiendra. Comme il doit nous accorder tout ce qui est juste et utile pour notre avenir éternel, il ne peut manquer d'intervenir, lorsque nous nous réfugions dans son sein. Il saura, à coup sûr, calmer les tempêtes soulevées dans nos cœurs, en leur communiquant ses vertus miraculeuses ; il saura certainement nous attirer auprès de lui, si nous le voulons bien, puisqu'il est le plus fort. D'un autre côté, le corps, fatigué par une résistance opiniâtre, cédera de moins en moins aux caprices des mauvaises pensées, souvent détournées de leur cours. Alors, le feu des passions s'éteindra faute d'aliments, et la volonté, contrariée et troublée, perdra son empire sur nos sens endormis mystérieusement. L'homme placé sous cette double influence de l'affaiblissement physique de la puissance du mal, et du grand courant qui le pousse vers le Tout-puissant, se maintiendra dans la bonne voie, malgré les orages passagers. Mais Dieu nous avertit de prévenir les dangers, en veillant toujours et en l'appelant à notre secours, avant l'arrivée de la tempête, aussitôt que les mauvaises pensées commencent à ternir la pureté de nos âmes. Alors nous sentirons sa puissance mystérieuse qui nous soutient au dessus des eaux de la corruption, en élevant nos pensées vers lui seul.

Enfin, il nous recommande de ne pas nous laisser appesantir par la bonne chair et l'ivrognerie. Elles nous animent d'un surcroît de forces vives qui, n'ayant pas d'emploi utile, sollicite nos sens au mal. Par les abus, l'équilibre entre les forces morales et physiques se trouve rompu au profit de la matière qui nous entraîne avec elle dans la bestialité et le néant.

Débarrassée de ses fautes passées qui, comme autant de taches, l'empêchaient de bien voir et de bien sentir, enlevée aux étreintes de la chair et aux illusions de l'imagination, l'âme approchera de cet état moral nécessaire pour apprécier les résultats pratiques de la loi.

§ III

Les résultats pratiques de la loi.

L'Être infiniment bon insiste de toutes les manières possibles pour nous encourager à toujours recourir à lui, parce que seuls nous sommes incapables de réaliser le bien éternel résultant de la pratique de sa loi.

Archimède demandait seulement un point d'appui pour soulever le monde avec un bras de levier. Jésus nous indique ce point d'appui d'une force incalculable, sur lequel notre volonté peut s'appuyer pour obtenir des effets autrement considérables. *En s'alliant à sa puissance infinie, on doit espérer des résultats sans fin, sans bornes.* Ainsi soutenu, l'homme pourra transformer, *par la charité,* sa fortune passagère en biens impérissables, et changer, *par la patience,* les injustices, les misères, les douleurs en autant de béatitudes éternelles. Il en acquiert ici-bas la certitude; car déjà, *par le pardon,* Dieu l'aide à tirer *le bien du mal* chez ses ennemis, ce qui est miraculeux, *et, par l'amour de ses semblables,* il lui communique le pouvoir céleste de faire naître les joies autour de lui et de les partager.

Examinons la série des bienfaits obtenus par l'exécution de ses commandements, qui se rattachent tous à la loi unique : par eux, il nous aide à la pratiquer pour goûter le vrai bonheur, fruit d'un amour parfait. Mais il est nécessaire de recourir à des comparaisons humaines pour comprendre toute l'étendue de ses promesses. Ainsi, approcher d'un puissant monarque, entrer en relation avec lui, obtenir ses faveurs est un désir commun à tous les hommes. Or, cette satisfaction nous est offerte à un degré surémiment, car à chaque instant il nous est loisible de parler au Roi du Ciel, à Celui-là même qui distribue les empires. Bien plus, nous en avons la certitude, il nous voit il nous entend toujours ; il connaît nos désirs, et il peut les réaliser dans un instant. *Enfin cet Être si puissant est notre Père*, meilleur que tous ceux connus sur la terre. Poussés par la confiance et l'amour, ne sommes-nous pas entrainés vers lui ? Parfois nous adressons nos sollicitations au premier venu, et nous oublions précisément de recourir à Celui qui peut tout accorder ! Pour se mettre plus à notre portée, il nous enseigne lui-même cette voie dans le sein de la famille. Ainsi, il nous fait aimer davantage nos parents en leur permettant de satisfaire à nos demandes. Il nous est facile d'apprécier ici même les résultats généraux de la Prière.

Ce devrait être pour les âmes le plus beau moment de chaque jour, que celui où elles s'entretiennent avec le Maître de l'univers. Si nous dirigions bien nos pensées vers lui, sans les laisser s'égarer toujours de tous côtés, quels charmes indicibles notre cœur ne devrait-il pas éprouver, en s'approchant de la source mystérieuse de tous les amours! C'est *le premier effet* de cette communication merveilleuse avec le Père infiniment bon. Tous les vrais fidèles l'ont constaté.

En nous invitant à demander, à chercher, à frapper constamment, il nous cause *la surprise de joies plus nombreuses;* il nous donne la *satisfaction du mérite* que procure la peine prise ; il nous laisse *le plaisir de la découverte.* Par les recherches de l'intelligence, par le travail, il nous fait connaître toutes les merveilles de la nature ; par les recherches du cœur, par la charité, il nous dévoile toutes les beautés de l'âme qui est son chef-d'œuvre [1]. Il nous associe ainsi au pouvoir divin en nous aidant à créer notre propre existence spirituelle. Chaque bienfait nous initie à une joie nouvelle. Par chacun de ses dons variés, il augmente notre reconnaissance et notre attachement pour lui, afin de les préparer à devenir éternels. Que pourrions-nous désirer de meilleur? Nous nous acharnons à la poursuite de créatures charmantes, pourquoi ne préférerions-nous pas l'amour de Celui-là même qui les a faites et si belles et si bonnes? du seul Être adorable, plein de grâce et de vérité? Il nous y convie puisqu'il a dit d'une manière générale, sans

---

1. Les corps de la nature frappés en cadence nous ont révélé les sons musicaux et les accords, semblablement les cœurs touchés par les actions généreuses éprouvent des sensations harmonieuses, qui sont l'origine de nos joies, du véritable bonheur.

aucune restriction pour le bien « cherchez et vous trouverez. » Donc si nous le cherchons avec ardeur, nous devons le trouver lui-même. Mais afin de ne pas nous laisser le moindre doute, il nous prévient, il nous précise ce qu'il faut demander avant tout. *Cherchez premièrement le royaume de Dieu, le reste vous sera donné par surcroît* (S. Matthieu, ch. vi, vers. 33). Il nous le donne par tous ces événements particuliers et généraux que nous attribuons à tort au hasard : lui seul est en état de les produire et de les combiner tous. C'est de cette manière qu'il gouverne mystérieusement le monde des esprits. Quel bonheur de se sentir soutenu dans la vie par Dieu ! Ne nous enseigne-t-il pas ainsi lui-même la pratique de la loi unique ? Comme nous sommes tous ses enfants, il nous engage à l'imiter en écoutant les prières des autres pour nous faire aimer d'eux et de lui. Alors, nous en récoltons les fruits dans nos bonnes actions, qui se transforment en une nourriture délicieuse pour le malheureux comme pour le bienfaiteur. C'est l'ambroisie céleste préparée pour nos cœurs !

Dans sa bonté infinie, Dieu est venu au-devant de tous en indiquant à chacun le moyen de réaliser ses désirs : *Si vous demeurez en moi et que mes paroles demeurent en vous, vous demanderez tout ce que vous voudrez, et il vous sera accordé.* (S. Jean, Evang., ch. xv, vers. 7.) Si nous faisons le mieux possible, ce qu'il nous demande, il ne peut rester au-dessous de ses faibles créatures. Cependant, malgré sa toute-puissance, nous nous laissons aller à croire qu'il lui faudrait déranger l'ordre de chose établi pour nous satisfaire. En quoi pourrait-il être amené à changer un plan établi en parfaite connaissance de cause? Ayant vu tout l'avenir dans un instant infiniment petit, comme s'il était présent, il a donc pu, dès l'origine du monde, créer toutes les lois nécessaires pour réaliser les événements en temps utile! Connaissons-nous le principe mystérieux de la vie et tous les liens généraux des êtres entre eux et leur Créateur, établissant les rapports d'où résultent tous les faits attribués au hasard, à la fatalité? Ce que nous concevons, nous lui donnons déjà un corps dans notre esprit; et nous refuserions au Tout-Puissant le pouvoir de lui donner le jour! Plusieurs croient qu'il ne pense pas à nous; mais n'est-ce pas refuser des sentiments paternels au Créateur même de l'amour? Non-seulement notre Père céleste nous donne la satisfaction de voir se réaliser, par des faits palpables, le plus grand nombre de nos justes demandes, mais encore il étend nos espérances au-delà de ce monde: il ouvre à nos désirs une carrière infinie, en les élevant vers lui. Sans expliquer le pourquoi, ni le comment, il satisfait à *toutes nos demandes,* si nous observons ses commandements. Alors, si nous le souhaitons nous pouvons continuer nos relations avec toutes les âmes non réprouvées, répandues partout l'univers. Quel effet grandiose a la prière dictée par de pareils sentiments! elle parcourt les espaces avec la vitesse de l'imagination, réalisant sur son passage tous les prodiges désirés. De cette manière, il nous est permis de faire revivre encore au milieu de nous les trépassés, de leur procurer des satisfactions *et même de les secourir.* Cette communication avec l'autre monde n'est pas la seule. Nous avons la faculté de voir en songe, comme dans la réalité, tout ce qui a touché nos sens et nos cœurs; alors nous sommes engagés à demander le renouvellement des joies passées ; par exemple, *la vision des personnes aimées, etc.* Nous savons, par ouï-dire, que ces faveurs ne sont pas rares dans l'existence des malheureux, des affligés, des Saints!

Nous ne saurions trop attirer l'attention sur tous les résultats merveilleux obtenus par la pratique de cette doctrine : c'est la quantité d'hommes qu'elle a régénérés et le grand nombre de Saints remarquables qu'elle a produits, depuis le commencement de l'ère chrétienne.

Si nous passons du particulier au général, nous devrons observer des résultats encore plus frappants. En effet, lorsque nous demandons du fond du cœur, notre père, notre mère, peuvent-ils rester sourds à cet appel si tendre? Mais si tous leurs enfants réunissent leurs voix suppliantes dans cette prière, peuvent-ils ne pas répondre? N'en est-il pas de même pour nous autres, chétives créatures, lorsque sentant notre impuissance, nos faiblesses et tous nos besoins, nous nous réunissons pour invoquer notre Père céleste? Quand nous l'appelons, non pas seul, mais au milieu de nos frères vivants et trépassés, en compagnie des Saints et des Anges, en présence de Jésus qui est tou-

jours là (S. Matthieu, ch. xviii, vers. 20) [1], n'avons-
nous pas la ferme espérance que Dieu nous répondra! Nous trouvons cet espoir gravé au fond de nos
âmes, et Jésus nous le confirme par sa parole, afin
de ne nous laisser aucun doute. (S. Matthieu, ch. xviii,
vers. 29.) Cette prière en commun nous cause d'a-
bord une satisfaction particulière, par l'accord et l'en-
traînement de nos cœurs vers notre Père, au milieu
d'êtres qui partagent nos sentiments intimes. Cette
élévation des âmes vers son infinie Majesté fait descendre en elles toutes ses grâces, ses bénédictions,
cette paix intérieure que le monde ne *peut donner,
mais qui donne la paix au monde.* Par cette union,
notre foi se sent fortifiée; en devenant plus vive, elle
augmente notre amour pour lui! N'est-ce pas là un
résultat immense! En nous associant tous pour l'invoquer comme notre Père, nous nous rapprochons
les uns des autres par une même pensée, un même
sentiment, nous nous *préparons à jouir de cette
alliance mystérieuse de tous les cœurs,* comme Jésus
le demande dans sa prière au Créateur.

C'est grâce aux sentiments de charité développés par
le Messie que se sont formées et propagées, sur toute
la surface du globe, ces grandes institutions de bien-

---

1. Sans pouvoir l'expliquer, l'intelligence reconnaît sans peine
que Dieu voit et entend tout. Il tient à nous par ses rayons, qui sont
une émanation de lui-même, qui nous donnent la vie et la répandent partout l'univers.

La vie est la lumière des hommes. (S. Jean, Evang., ch. 4
vers. 4.)

faisance. D'abord fondées dans nos cœurs, elles tendent à se répandre partout où se trouvent des misères et des douleurs à soulager. Elles ont fait cesser les actes de barbarie, adouci les mœurs et rapproché les hommes du sein de Dieu, par les liens les plus forts et les plus doux, ceux de la fraternité.

Si nous n'observons pas d'autres résultats généraux plus sensibles, la faute en est à nous seuls. Car il nous arrive bien rarement de demander quelque chose pour nos semblables ; renfermés dans notre personnalité et notre égoïsme, nous les oublions, nous voulons absorber toutes les faveurs pour nous ! N'est-ce pas la vérité absolue ?

§ IV

Objections.

Cependant comme nous n'obtenons pas toujours la réalisation de nos désirs, il nous semble que Dieu ne nous écoute pas. Or, c'est précisément de cette manière qu'il nous enseigne lui-même la *patience,* cette vertu qui nous fait à son image. Si nous avons confiance en sa parole, tandis qu'il nous invite à attendre, il nous retient plus longtemps auprès de lui, il augmente notre joie de toute la durée et de toute la grandeur de nos espérances, il donne plus de force à nos sentiments, il dilate la puissance de notre amour et nous rend plus heureux. En ne nous donnant pas .tout à la fois, il développe un attachement continu. S'il n'exauce pas tous nos vœux, l'expérience nous apprend plus tard qu'il avait raison. *Voilà seulement en partie les fruits de la patience.* Mais c'est surtout à notre dernière heure qu'elle nous permet de remporter sur nous-mêmes la plus grande victoire possible. Alors elle nous engage à supporter la mort avec résignation, afin de posséder nos âmes pour la vie éternelle, puisque Dieu nous a dit, de la façon la plus générale, *vous posséderez vos âmes par la patience.* (S. Luc, Evang., ch. xxi, vers. 19.) Nous allons voir comment. Déjà les Stoïciens puisaient à cette source une force qui les mettait au-dessus du mal : mais lorsque l'âme chrétienne se réfugie dans le sein de son créateur pour lui offrir ses peines, ses souffrances, elle peut y puiser cette énergie surhumaine, qui a fait braver aux disciples du Christ tous les genres de supplices. Or celui qui, de son vivant, fait déjà le sacrifice pur et entier de sa personne, ne peut rien donner de plus grand ; il offre au monde, à son Créateur tout ce qu'un Dieu lui a donné. Il doit donc conquérir son cœur, c'est-à-dire le suprême bonheur. N'est-ce pas là le plus beau résultat, le seul qui soit digne d'envie!

§ V

Conclusion.

Après toutes ces expériences, l'homme est complètement à même d'apprécier les résultats pratiques de la loi. Elles assurent à son esprit *un calme inaltérable* au foyer de la vérité éternelle, et à son cœur *une joie complète* dans le sein de l'amour parfait. *A ces deux impressions célestes, il devra reconnaitre la parole d'un Dieu.* De là naît la confiance absolue.

La foi ainsi gagnée, l'esprit la fait passer dans le cœur pour en goûter les charmes secrets, et à son tour celui-ci, touché par les vertus acquises, entraîne celui-là. C'est le duo d'amour sans fin qui commence réellement entre l'époux et l'épouse, c'est le vrai cantique des cantiques, chanté par des voix intérieures. N'est-ce pas une image de l'association future du mari et de la femme, de ces deux âmes réunies en une seule, comme l'esprit et le cœur dans le même individu? Ainsi associées, elles pourront mieux se communiquer leurs impressions intimes, dont les charmes seront renouvelés et prolongés par les échos répétés d'une commune demeure toute céleste [1]. Par comparaison, on peut s'imaginer quelles délices ineffables sont réservées aux bienheureux, quand Dieu, suivant sa promesse, viendra établir sa demeure en eux. Quelles espérances de bonheur! Alors l'Etre infiniment bon les comblera de satisfactions, et, à leur tour, ils lui rediront toutes leurs joies intimes, dans des chants pleins de reconnaissance et d'amour! Dans ce nouvel Eden, ils pourront goûter tous les fruits merveilleux nés de l'union des hommes, des Anges et de Dieu.

Voici, à ce sujet, le résultat de l'expérience personnelle faite par Bossuet. Selon ses remarques, l'âme, ayant ses sentiments propres, a aussi, par conséquent, ses plaisirs à part : étant seule capable de s'unir à l'origine du bien et à la bonté primitive, qui n'est autre chose que Dieu lui-même, elle ouvre, en s'y appliquant, une source toujours féconde de plaisirs réels, lesquels, certes, quiconque a goûtés, il ne peut presque plus goûter autre chose, tant le goût en est délicat, tant la douceur en est ravissante *(Premier sermon pour la Purification de la Sainte-Vierge, second point, § 2)*.

Tous les fidèles, les sages, les saints ont ressenti

---

1. On peut se rendre compte géométriquement de ce résultat. Si deux personnes sont placées à chacun des foyers d'un ellipsoïde de révolution, elles pourront d'abord communiquer directement, puis ensuite par des réflexions indéfiniment répétées. On peut admettre qu'il en sera de même pour toutes les vibrations qui causent nos diverses impressions : elles seraient réfléchies par les parois d'une commune demeure céleste.

ces effets. Voilà les résultats de l'expérience annoncés par tous ceux, qui ont pratiqué exactement la loi
unique de l'amour parfait.

Au point de vue intellectuel, nous devons surtout
arrêter notre attention sur cette observation extraordinaire : C'est que les recherches faites en conformité
de la loi nous ramènent aux résultats déjà indiqués au
titre III, 1re Partie. Alors nous étions guidés dans
nos études par la seule lumière de notre raison.
Cette concordance parfaite ne doit-elle pas porter la
conviction dans nos âmes? Les mauvaises impressions
ressenties, en violant cette loi, viennent lui donner
une nouvelle confirmation. Les diverses facultés de
l'homme consultées sont unanimes pour en reconnaître
la complète exactitude. Plus loin, nous y ajouterons
d'autres vérifications, puisées dans l'étude des sciences
naturelles.

Enfin, si nous consultons l'histoire, les évènements
nous conduisent aux mêmes conclusions. Lorsque les
sociétés oublient la loi de Dieu ou la méconnaissent,
des lois humaines et des révolutions surviennent pour
leur imposer l'égalité et la fraternité qu'elles repous-
sent! Mais ce dernier système arrête tout développement de la vie, de l'esprit et du cœur ; tandis que la
pratique du précepte divin fait disparaître toutes les
inégalités, en produisant toutes les vertus, en établissant les liens les plus solides et les plus agréables
entre les différents membres de la société. Enfin, elle
les prépare à former une seule famille dans le Ciel, où
ils doivent vivre éternellement heureux !

DEUXIÈME PARTIE

RECHERCHES SUR LE PASSÉ, LE PRÉSENT ET L'AVENIR DU MONDE.

PRÉLIMINAIRES

MÉTHODE D'INVESTIGATION GÉNÉRALE

Nous venons de reconnaître la vérité absolue d'une loi unique donnée aux hommes pour les diriger ici-bas. En raison de son unité, de sa constance, de sa généralité et de son indépendance des temps, nous nous proposons d'en faire l'application à une étude de la vie générale de ce monde, dans le but de nous initier à la connaissance du passé, du présent et de l'avenir. Dans ces recherches, nous nous aiderons de la lumière apportée par les paroles de l'Écriture sainte qui découlent elles-mêmes de ce premier principe universel.

Dans sa prière à son Père, Jésus dit :

Je prie pour tous ceux qui croiront en moi, afin qu'ils soient tous une même chose, comme vous, mon Père, vous êtes en moi, qu'eux-mêmes ne soient qu'un avec vous (S. Jean, Évang., ch. xvii, vers. 20 et 21).

Ces paroles renferment l'expression de la loi unique, *de l'amour parfait* destiné à nous attacher les uns aux autres et à notre Père céleste, de manière à ne faire qu'un avec lui. Elle doit porter en elle-même

toutes les autres vérités, car elles ne peuvent dérire
que des liens créés pour *unir* les êtres les uns au
autres et les rapprocher de tout ce qui est suscep-
ble de leur être utile ou agréable, *dans le domai*
moral, intellectuel et matériel. D'ailleurs toutes le
vérités ne se résument-elles pas dans l'Etre tou
puissant qui ne doit faire qu'un avec toute sa créa
tion : toutes les parties de son œuvre doivent se teir
ensemble et former un tout parfait. En elle, rien de
désuni et de séparé que les êtres indociles. C'est à
cette unité absolue que doivent découler, sans aucu
exception, les lois qui régissent les âmes et les corps
car en Dieu se relient le monde moral et toute la natu
physique. Toutes les lois sont aussi liées entre elle
puisqu'elles assurent l'exécution du plan divin qu
est un. C'est à cette source que nous allons cherch
et puiser toutes nos connaissances. Comme elle nou
conduit à des lois physiques vérifiées par l'expérien
ou acceptées par notre raison [2], ne devons-nous pa

1. De ce principe d'unité dans toute la nature, on tire les co
séquences suivantes : Toutes les vérités dérivant des lois qui ré
gissent la création, une dans son ensemble, et toutes les lois s
résumant en une seule universelle, on en conclut que les véri
sont liées les unes aux autres : c'est à découvrir ces liens qu
notre esprit peut s'exercer.

Les sources de forces, puisées dans l'âme qui fait mouvoir l
corps, substance matérielle, sont régies par la loi unique citée là
en vertu de ce principe d'unité et d'harmonie, toutes les aut
sources de forces existant dans la nature physique doivent ê
régies par une loi similaire, afin que leurs différentes manifesta
tions ne se contrarient pas, ne se détruisent pas!

2. On peut citer de nombreux exemples à l'appui de ce princi

forcément lui reconnaître le même caractère de certitude qu'aux vérités scientifiques, qui en dérivent [1]?

unitaire. Ainsi dans les sciences on ne connaît pas d'autre procédé pour progresser que de ramener à une vérité déjà reconnue ou axiôme, toutes les autres qui sont inconnues, ou bien de les tirer d'une formule unique. Ces dernières, à leur tour, nous servent de nouveaux termes de comparaison, pour accroître sans cesse le domaine de nos connaissances.

Dans les sciences physiques, nous voyons toutes les forces de la nature se transformer les unes dans les autres d'une manière équivalente et rentrer ainsi dans l'unité. On pouvait le prévoir d'avance par les résultats de la loi d'amour et de charité : par exemple, tous les actes charitables, de quelque nature qu'ils soient, produisent des effets différents qui doivent se transformer les uns dans les autres d'une manière équivalente, pour soulager les âmes des trépassés.

Dans le monde des esprits, nous les voyons s'unir par les liens de l'amour de manière à ne faire qu'une seule âme; nous voyons tous les hommes se réunir en raison de besoins identiques, des mêmes rapports généraux de manière à former des sociétés, un seul grand corps social, et enfin chercher à constituer un équilibre général par un principe conservateur. Tous les éléments matériels sont liés entre eux par la loi universelle de l'attraction, semblablement toutes les âmes sont attirées les unes vers les autres par le principe de l'amour pur.

1. L'expression de la loi de l'amour parfait renfermée dans l'évangile de S. Jean (ch. xiv, vers. 23), est le symbole général contenant la formule de toutes nos connaissances et de toutes les sciences. Cette loi préside à l'union des âmes, comme à celle des corps, et des éléments matériels : on en tire, comme cas particuliers, toutes celles qui régissent les phénomènes chimiques, physiques, astronomiques et psychologiques. En expliquant tous ceux qui se rattachent à l'âme, qui est immortelle, ces lois ont le caractère des vérités permanentes, éternelles, comme celles de l'algèbre, de la géométrie. Du reste, elles s'étendent à l'algèbre qui sert à les exprimer. Ainsi toutes les équations algébriques peuvent se transfor-

Il est même d'un degré plus élevé, en raison de sa
généralité absolue !

mer en une somme de mouvements vibratoires ayant une commune
mesure. Les effets de ces mouvements sur l'âme doivent se traduire
par une résultante unique, comme sur l'œil; et les périodes de
cette résultante doivent être en proportions harmoniques, parce
qu'elles se contrarieraient en agissant sur l'âme, s'il en était autrement. Alors, elles troubleraient l'harmonie de ce milieu et n'y
engendreraient qu'une cacophonie complète, ce qui est contraire à
l'expérience des sons musicaux, et des couleurs mélangées.

TITRE I

CHAPITRE I

APPLICATION DES LOIS GÉNÉRALES QUI RÉGISSENT LE MONDE A LA CONNAISSANCE DU PASSÉ. — TRADITIONS, SUPERSTITIONS, SACRIFICES, PRÉVISIONS, ETC.

Les lois qui régissent le cours des astres nous permettent de remonter dans l'histoire de leur passé comme de prédire toutes les circonstances de leur marche dans l'avenir [1]. Celles qui régissent les âmes doivent jouir du même privilége, car elles dérivent

---

1. Ainsi, elles nous permettent de dire : 1° A telle date le nord était dans telle direction, par suite, tels monuments anciens comme les Pyramides, dont les faces ont été orientées, ont été construits à cette époque; 2° la durée du jour n'ayant pas varié depuis la naissance du Christ, Arago en a déduit que la température moyenne du soleil, de la terre et des espaces n'a pas varié depuis l'ère chrétienne; 3° les changements de distance de la terre au soleil, les variations d'inclinaison de l'axe de rotation de la terre sur son orbite permettent de dire qu'à telle époque, tel pays était ou sera dans des conditions climatologiques assez différentes : de

d'un même principe : données par le Créateur pour nous diriger dans le cours de la vie, elles nous tracent également les voies à suivre afin de nous élever jusqu'à lui. Ce sont aussi *des principes constants* auxquels les faits doivent obéir pour que leurs développements successifs se produisent sans révolution. C'est le pivot même autour duquel ils doivent tourner, pour éviter de se contrarier les uns les autres dans leur marche. Il faut qu'il en soit ainsi pour que l'harmonie puisse régner parmi ces mouvements si divers et si compliqués de tous les êtres vers leurs destinées, dont le but final doit être le même : *la vision béatifique du Père de toutes les âmes.* C'est de cette manière que l'on peut suivre l'enchaînement des faits, et l'histoire générale des peuples, depuis leur apparition jusqu'à leur chute, qui est la conséquence du manquement à ces règles. Il est difficile de sonder le mystère de la naissance, du développement et de la mort des individus; il en est tout autrement de l'origine, de la vie et de la fin de chaque peuple, car presque tous les phénomènes qui les constituent sont extérieurs, visibles et sensibles, ils se traduisent *toujours* par des faits palpables qui touchent le corps de toute

là on pourra tirer quelques données sur l'histoire géologique du globe, et des mouvements des peuples.

La date de la création du monde étant récente, le ciel peut encore nous présenter des spectacles tout à fait nouveaux, parce que la lumière qu'ils rayonnent n'est pas encore parvenue jusqu'à nous. Comme aussi le transport de la Voie Lactée, dont nous faisons partie, peut, dans sa circulation autour du centre de gravité de l'Univers, nous découvrir des mondes inconnus.

la nation. C'est à la lumière de ces données providentielles que Bossuet et Montesquieu ont pu expliquer les faits de l'histoire. Suivant une marche semblable, nous nous proposons de rechercher les liens qui rattachent aux vérités révélées certaines questions générales bien connues. Ces vérités ne pourront manquer de jeter un grand jour sur la solution des problèmes qui nous occupent.

PREMIER PROBLÈME

RÔLE DU PEUPLE ISRAÉLITE EN CE MONDE

Il nous reste à peine quelques traces de l'existence des grands empires assyriens, babyloniens et égyptiens, tandis que nous avons non seulement l'histoire complète d'un tout petit peuple, leur contemporain; mais encore les représentants vivants de sa race dispersés sur la terre, conservant leur caractère, leurs traditions, malgré tant de causes de changement et de destruction. Tel est le cas de la nation Juive.

Voilà un fait exceptionnel, qui est ainsi mis plus particulièrement en relief par la Providence. Il doit nous expliquer la mission d'Israël sur le globe. En raison même de ses qualités, il nous apparaît véritablement comme l'archiviste et le conservateur de l'Écriture sainte. C'était une nécessité bien évidente, puisque dans les nations voisines les plus policées, la tradition était défigurée au point de ne donner aucune connaissance du seul vrai Dieu. L'histoire des peuples, même inscrite sur le granit, nous demeure presque inconnue, et il faut les efforts de plusieurs générations pour en déchiffer quelques lambeaux, tandis que la parole de Dieu est conservée intacte par les Israélites. L'intervention providentielle est manifeste pour obtenir ce résultat. Aujourd'hui que la science est parvenue à deviner les hiérogliphes babyloniens, elle vient ajouter une nouvelle confirmation aux textes sacrés, et nous assurer qu'ils n'ont point été altérés par le temps et par les hommes.

D'un autre côté, l'existence prolongée d'Israël n'est-elle pas un témoignage *constant* de la bonté et de l'accomplissement de la parole du Père céleste, qui veut attendre sa conversion jusqu'à la fin des siècles. La dispersion annoncée et la destruction de son temple viennent encore à l'appui de la vérité évangélique. Nous en verrons plus loin une confirmation aussi éclatante, d'un genre tout différent, dans la non-réussite des croisades!

La nation grecque et la nation romaine ont disparu ; leur corps est perdu, mais leur esprit vit encore parmi nous. Leur littérature nous est parvenue, pour montrer ce que l'intelligence humaine peut enfanter de plus beau et de meilleur, mais elle nous découvre aussi les grossières erreurs dans lesquelles les plus grands esprits peuvent tomber sans le secours de Dieu. Toutes leurs croyances et leurs adorations ne supportent pas l'ombre d'une discussion, maintenant que nous sommes éclairés par la lumière surnaturelle. Ces images vivantes du passé sont donc surtout *des monuments élevés à la gloire de Dieu* et destinés à nous convaincre combien sa présence était devenue nécessaire à l'époque annoncée par ses prophètes, car il y avait à sauver des millions d'âmes intelligentes, qui ne croyaient plus à rien. La preuve en est bien grande, quand on entend les plus sages dire : « *O vertu, tu n'es qu'un nom.* »

Tous ces faits nous montrent clairement la mission d'Israël en ce monde.

DEUXIÈME PROBLÈME

ORIGINE DES PEUPLES SAUVAGES

Rien n'arrivant sans la permission de Dieu, nous pouvons espérer de remonter dans la nuit des temps à l'aide de cette lumière surnaturelle. Prenons un exemple saillant : *Tous les hommes descendant d'un seul, ne peut-on découvrir dans les différents degrés de dégénérescence de certaines races, l'origine de fautes commises par leurs ancêtres?*

L'Écriture sainte nous apprend en effet que Noë a chassé loin de lui un de ses enfants pour s'être moqué de sa personne, etc. A l'origine des populations sauvages, ne peut-on soupçonner quelques grands crimes, à la suite desquels les premiers coupables ont fui la société et cherché l'impunité en se cachant dans les lieux inhabités? Leurs traits ne sont-ils pas pris *comme symboles de plusieurs vices?* En se dérobant au jour, ne nous expliquent-ils pas naturellement le motif pour lequel la lumière évangélique est plus lente à venir les trouver : comme elle doit pénétrer partout, il faut en conclure que ces peuples sont encore enveloppés dans d'épaisses ténèbres, qui vont se dissiper peu à peu. Sans doute l'instinct des voyages a dû jeter quelques êtres sur les côtes inhabitées, mais comme ils étaient en général sans femme, ils n'ont pu constituer la première souche des sauvages. Il est plus rationnel de leur attribuer une autre origine, en raison de leur nature viciée : descendant tous d'un seul couple, comment expliquer ces grandes différences psychologiques, si ce n'est par des causes morales? elles sont d'ailleurs les plus puissantes pour produire de tels changements. Au contraire, il est naturel de considérer les grands voyageurs comme des précurseurs, qui viennent les rappeler à la civilisation? Aujourd'hui que le temps de l'apparition des bons anges parmi nous est passé, ne faut-il pas regarder tous ces hardis *Missionnaires* comme des *Envoyés de la Providence* chez ces peuples égarés? Il peut être intéressant de pénétrer avec eux chez ces Sauvages, d'étudier l'origine de leurs pratiques religieuses, et les transformations subies par la croyance première unique de tous les hommes, à la suite de leur séparation.

TROISIÈME PROBLÈME

ORIGINE PREMIÈRE DES TRADITIONS

Parmi toutes les traditions, il en est une qu'on retrouve partout, même chez les populations les plus sauvages : c'est la croyance à un séjour immortel, où toutes les âmes s'en vont au sortir de ce monde. Comment expliquer cette communauté de pensée entre des gens restés sans communication, soit à cause des distances, soit à cause des différences de langage? Pour s'en rendre compte, on est conduit à leur attribuer une même origine. Comment expliquer la conservation de cette tradition? Nous en trouvons la raison inscrite dans le fond du cœur humain. En effet, les parents laissent évidemment à leurs enfants ce qu'ils ont de plus précieux dans le domaine matériel, comme dans le domaine intellectuel et moral. Quel plus grand bien pouvaient-ils leur faire que de leur donner cette ferme espérance d'un bonheur sans fin pour les consoler des misères de cette vie, et les conduire dans la bonne voie? C'est bien la vraie pierre philosophale tant cherchée, qui nous permet de transformer, par la patience, nos maux passagers en joies, en béatitudes éternelles. Qui a pu leur donner cette souveraine consolation, si ce n'est le meilleur des pères, un Dieu infiniment bon? Nous trouvons donc gravée dans nos âmes une confirmation évidente de l'Écriture-Sainte.

QUATRIÈME PROBLÈME

ORIGINE DES COUTUMES, DES SUPERSTITIONS, DES PRONOSTICS. DE LA MYTHOLOGIE.

Si nous passons des croyances aux coutumes des anciens peuples, nous en remarquons une surtout que rien ne peut justifier chez des nations libres et policées : c'est cette habitude barbare des sacrifices humains. On se demande avec stupéfaction comment l'homme a pu être amené à immoler de sang-froid son semblable dans des cérémonies publiques. On a vu un grand roi de la Grèce sacrifier ainsi sa fille bien-aimée, Iphygénie ; toute l'histoire ancienne retentit encore du cri de ces victimes innocentes ! Il n'y a qu'un Dieu irrité et vengeur auquel on puisse faire une telle oblation, pour obtenir le pardon de quelque grand crime, commis dès l'origine du monde, puisqu'on retrouve cette même horrible institution chez les peuples les plus différents. On découvre donc là une confirmation sanglante de la doctrine du *péché originel* et de son expiation par la peine *de mort*, à laquelle Dieu nous a tous condamnés, en raison de cette première faute. Transmise par le sang, elle s'efface par le sang. Le crime, marqué par son effusion, se lave par son oblation. L'harmonie troublée dans la nature se trouve rétablie par ces deux actes contraires. Ainsi est constitué dès l'origine le principe de la réversibilité et de notre unification générale par la vertu divine de la charité. N'est-ce pas aussi l'image *de notre rédemption* par le Christ !

Après les coutumes, examinons les différentes supertitions répandues dans le monde, depuis l'astrologie jusqu'à l'influence occulte des chiffres, des dates. Ne faut-il pas découvrir derrière ces mensonges une altération successive des plus purs enseignements donnés primitivement par Dieu aux hommes ? Rien n'arrivant par hasard dans les œuvres d'un créateur parfait, en raison du principe d'unité et d'harmonie qui les distingue toutes, on peut sans doute voir dans les tableaux de la nature et du ciel des routes ouvertes à nos pensées, à nos désirs, pour les empêcher de s'égarer et les conduire à la découverte de *l'inconnu*, vers tout ce qui est utile. On doit également regarder les enseignements du passé comme des guides expérimentés chargés de nous dévoiler *l'avenir*. Enfin, parmi toutes les rencontres fortuites et les influences mystérieuses admises par les hommes, n'en faut-il pas reconnaître une certaine? c'est l'action spirituelle, morale et matérielle de notre bon ange gardien, qui nous suit partout, afin que la volonté de Dieu soit accomplie sur la terre comme au ciel. Sur la terre, elle se manifeste d'une manière cachée, mais frappante, par les événements particuliers et généraux. Alors, on peut réellement dire de celui qui écoute les inspirations célestes, qu'il est né sous une bonne étoile. De là on induit que la position particulière des astres servait non-seulement à marquer le temps, mais encore les grands événements.

Prenons quelques exemples : on peut voir dans le *vendredi* un jour néfaste, parce que c'est le jour de la mort de Notre-Seigneur : dans le chiffre 13 à table, une personne de trop, en commémoration de la dernière cène, où le traître Judas, treizième à table, a trahi Jésus pour aller ensuite mourir de la manière la plus honteuse : on peut donc envisager ces deux superstitions comme des souvenirs de ces deux grands événements conservés dans la mémoire des chrétiens, qui, à l'origine, communiaient dans leur repas.

Parmi toutes les habitudes, il en est une qui est surtout digne de fixer notre attention : c'est ce cri « Mon Dieu » qui s'échappe naturellement des poitrines dans chacune de nos peines, de nos plaintes : il s'est transmis du père au fils tout à fait involontairement, depuis l'origine du monde pour lui révéler en quelque sorte l'existence de l'Être suprême. Quoi d'étonnant! l'âme est sa fille. Il a gravé en elle son nom paternel, il lui apprend à le prononcer et à l'appeler toujours malgré elle, afin qu'elle ne l'oublie jamais sur la terre d'exil ! N'est-ce pas cette même exclamation d'Adam que nous entendons encore répéter de génération en génération, depuis la première douleur ! On pourra multiplier ces observations au sujet des principaux faits qui se produisent dans le monde. L'homme ne s'est pas contenté de les observer, de les expliquer.

a cherché à les prévoir. Ainsi, le plus grand nombre d'événements arrivant dans des circonstances imprévues par nous, on les a regardés comme des rencontres fortuites, correspondant à la réalisation de nos désirs et de nos besoins. Alors notre esprit, oubliant l'action incessante de notre Père, qui veille sur nous, s'est égaré à la recherche des coïncidences les plus bizarres, dans l'espérance d'y trouver des pronostics sur l'avenir. Par là nous sommes conduits à observer comment l'homme, ignorant l'unité de Dieu et ses instructions, devient facilement la proie de toutes les illusions. En effet, dans l'état limité de ses connaissances avant l'ère chrétienne, tous les grands phénomènes physiques lui étaient inexplicables, ils étaient produits pour lui par autant de dieux cachés : car le mouvement des astres, du soleil, la lumière, la chaleur, les productions du sol, les soulèvements de la mer, les tempêtes, les échos, etc., étaient des mystères complets à cette époque. L'homme étant sans instruction religieuse, les phénomènes de l'ordre moral donnaient également lieu à autant d'erreurs. Telle est l'origine de la mythologie.

CINQUIÈME PROBLÈME

COMMENT EXPLIQUER L'ÉCHEC DES CROISADES EN PALESTINE

Croyant à l'intervention de la Providence pour diriger les affaires de ce monde, nous autres chrétiens nous devons rechercher pourquoi elle n'a pas favorisé l'entreprise si religieuse des croisades. N'a-t-elle pas voulu donner un témoignage puissant de la permanence de la parole évangélique, relativement à la destinée prédite au peuple hébreu? En effet, elle lui a annoncé que ses maisons devaient demeurer désertes, c'est-à-dire abandonnées des fidèles, des enfants de Dieu, de ses fervents adorateurs en esprit, en vérité, jusqu'à ce qu'il ait reconnu l'arrivée du Christ. Or, cette prédiction n'aurait pu être parfaitement réalisée, si les croisés étaient restés maîtres de la Palestine, parce qu'ils étaient des gentils convertis, devenus enfants de Dieu. De plus, la Providence aurait dû. dans l'avenir, les faire chasser de ce pays, pour céder la place aux Israélites, dont la conversion future est annoncée : ce qui semble illogique. Certainement, il faut faire la part des causes humaines qui devaient mener les croisés à leur échec. Mais c'est précisément par là que Dieu manifeste sa puissance divine, en faisant concourir à l'exécution de ses desseins e de ses promesses, les choses même en apparence les plus contraires.

Du long passé de l'histoire, nous tirons les conclusions suivantes qui confirment pratiquement l'exactitude du principe religieux unique préposé au gouvernement des sociétés : nous voyons toujours la puissance morale et intellectuelle l'emporter partout, et fonder des états durant en raison de la force d'âme de leurs membres : c'est la mesure de leur vie, de leur grandeur [1]. Nous avons vu les douze pécheurs faire la conquête spirituelle du monde ancien, au milieu des flots du sang des martyrs; aujourd'hui leurs disciples achèvent la conquête intellectuelle et matérielle du globe entier. Les grands empires qui restent encore debout, sans puissance apparente, semblent destinés à céder en masse au grand souffle du christianisme! Tel pourrait être le cas de la Chine.

Toutefois, d'après ces considérations tirées de l'interprétation de l'Evangile et de l'histoire, Jérusalem semble destinée à demeurer au pouvoir des Infidèles, jusqu'à la conversion des Israélites. Par suite, toutes les entreprises tentées par les Chrétiens pour en faire la conquête seraient condamnées à échouer!

---

1. C'est ce que nous avons vu se produire en Grèce, à Rome, en Egypte. C'est l'histoire de l'Eglise aujourd'hui.

CHAPITRE II

Suivant les idées de Platon, les âmes avant de paraître en ce monde auraient toutes commis quelque grande faute, et Dieu, pour les punir, les aurait emprisonnées dans des corps matériels rivés à la terre. Alors, dit-il, nous ne devons pas redouter la mort, car c'est l'instant où les âmes sortent de prison pour retourner dans leur vraie patrie. Après ce grand génie, toute la sagesse et la science réunies des Grecs, des Romains, etc., avaient abouti aux fables de la mythologie, sans nous fournir aucune donnée sérieuse sur le passé, l'origine première de l'humanité, et sur son avenir.

En consultant les seules forces de la raison humaine, la puissante intelligence de Platon l'avait rapproché autant qu'il est possible de la vérité, lorsqu'il proclamait la déchéance de l'âme humaine [1]. Il re

---

1. Chacune de nos fautes retient nos pensées dans de noires prisons, d'où elles ne peuvent sortir que par la grâce de Dieu; elles tourmentent notre conscience jusqu'au jour d'une délivrance miraculeuse promise par Jésus : jusqu'au jour du pardon.

connaissait pas *celle loi unique et générale de l'a-mour parfait,* que nous révèlent cependant *nos sen-timents* pour les êtres aimés, en nous engageant à souffrir à leur place; il n'avait pu l'étendre à tous les êtres passés, présents et futurs, afin qu'un lien continu d'affection éprouvée les unisse dans l'éternité; car il ignorait la tradition du péché originel, il ne con-naissait pas la *révélation,* la parole du Dieu plein d'a-mour, nous recommandant la miséricorde plus que la justice envers tous, vivants ou morts !

Eclairés aujourd'hui par la lumière divine, nous savons que primitivement une alliance harmonieuse existait entre le corps et l'esprit, et que la discorde s'est allumée entre eux à la suite d'une première grande faute. Ce qui reste de l'hypothèse ingénieuse de Platon, c'est que notre corps est devenu un lieu de détention réel pour nos âmes, par suite de la trans-mission et de la continuation de cette révolte et de ce désordre primitifs. La révélation et la raison l'annon-cent. Si nous voulons en sortir pour ne pas retomber dans un pire séjour, il faut écouter la voix de Dieu et exécuter ses commandements, tous contenus dans la loi unique de l'amour parfait.

Après avoir reconnu l'insuffisance de la raison hu-maine pour éclairer cette question, nous sommes na-turellement conduits à rechercher une source d'ensei-gnements divins. Ecoutons la révélation : elle nous apprend que nous descendons tous d'un seul premier couple, et que notre âme a été faite à l'image et à la ressemblance de Dieu. Elle dut donc sortir pure et sans tache des mains de son créateur, elle n'a donc point de péchés avant son alliance à notre corps, alliance qui s'effectue au moment de la conception ou de la naissance. C'est alors seulement que lui est transmise la tache du péché originel.

Observons combien cette doctrine est supérieure à celle de Platon : elle satisfait à la fois l'esprit et le cœur. Sur la terre, elle établit des relations de parenté et d'affection entre tous les individus, en les invitant à se traiter en frères; dans le ciel elle doit constituer des liens continus d'amour qui nous attacheront éternellement à nos ascendants et à nos descendants de tous les degrés, en raison des douleurs librement supportées en ce monde, les uns pour les autres, à cause de la faute commise par notre premier père. Tandis que dans le système de la justice absolue, il y a isolement des êtres, vivant en familles séparées, et il n'y a aucune espérance fondée du pardon de nos fautes; car si nous ne sommes pas appelés à user de miséricorde envers nos semblables, comment pourrions-nous compter sur la clémence de notre Père céleste, qui nous a créés à son image, à sa ressemblance? C'est pourquoi il nous a fait dire qu'il préférait la miséricorde à la justice. Ayant tous besoin de son indulgence, pour lui ressembler, il faut donc la pratiquer comme lui *entre nous tous, dans le présent, le passé* et *l'avenir*. Il nous a tracé lui-même cette voie par la doctrine de la transmission du péché originel. La lumière de la révélation dépasse donc celle de la raison humaine.

CHAPITRE III

Nous observons que la marche des sciences est progressive. L'histoire nous le confirme, en nous apprenant combien elles étaient peu avancées à l'époque la plus brillante de la civilisation israélite, grecque et romaine. D'après cet aperçu rapide, on doit déjà conclure qu'il aurait été impossible à aucun homme contemporain de Moïse de présenter, à l'aide de ses seules connaissances, une genèse physique et morale du monde, tant soit peu discutable aujourd'hui. A l'appui de ce jugement, nous pouvons citer toutes les mythologies antiques, tombées au rang des fables. Ces faits prouvent que la Bible, planant fort au-dessus de toutes les sciences humaines, est un livre inspiré de Dieu. Il est confirmé d'une manière indirecte par les récits de la mythologie, dans lesquels on découvre facilement les mêmes données primitives, altérées par l'imagination des peuples. L'homme n'ayant pu conserver ni dans les livres, ni dans la tradition, ni dans les autres sources de renseignements humains quelques lambeaux de l'histoire des grands empires assyriens, babyloniens, et égyptiens, on s'explique que l'intervention directe de Dieu soit nécessaire, pour apprendre aux peuples et maintenir parmi eux les notions de la création et de l'histoire véritable du monde. Dans cet ordre d'idées, la Bible nous apparaît comme un livre divin, indispensable au point de vue des enseignements à communiquer aux hommes. La conservation de ce livre, l'intégrité de son texte sont eux-mêmes des faits providentiels. Les découvertes récentes qui viennent de donner la clef des caractères cunéiformes confirment complètement cette dernière appréciation. Aujourd'hui il serait possible d'étudier le problème inverse, qui serait de découvrir à l'aide des données de l'Ecriture sainte sur les différents peuples, les significations de leurs monuments, de leurs écritures, et même le sens primitif des racines de leur langue. Nous pouvons donc espérer voir le récit biblique confirmé par une étude plus complète de la genèse de toutes choses, et en *particulier ici par la genèse des mots.* Il est certain qu'il doit exister certains rapports de différentes espèces entre les choses, les êtres et les *expressions employées dès le commencement* pour rappeler à notre mémoire leurs formes, leur propriétés particulières etc. En réalité, nous n'avons rien par nous-mêmes : nos facultés générales et particulières dérivent d'un principe unique résidant en Dieu. Il a donc dû apprendre au premier homme les éléments du langage de manière à s'en faire comprendre [1]. Ces éléments servent à représenter à notre esprit : les objets, les impressions, les personnes, et toutes leurs qualités physiques et morales. La connaissance de cette première langue doit nous conduire à *la découverte des relations* existant entre les mots et *leurs représentations réelles, leurs images*, dès leur première apparition à l'homme. *L'hébreu choisi par Dieu, par Jésus, par les prophètes, devra sans doute préparer la solution de cette question dans l'avenir* [2]

A ces considérations on peut ajouter que la Bible, le livre sacré, a été écrit dans cette langue [3].

Alors on ne peut s'empêcher de se demander com-

1. Dieu ayant dû parler au premier homme, pour lui donner ses commandements, dès sa naissance, a donc dû lui enseigner le langage, comme il lui a donné l'intelligence et ses autres facultés naturelles.

2. Il se rencontre, dans les idiomes les plus sauvages, des formes grammaticales, des modes d'idées d'une perfection et d'une finesse inconnues aux plus savants. Donc les idiomes barbares et les peuples sauvages sont tombés d'une antique civilisation. Ni l'homme ni la langue, n'ont commencé à l'état sauvage. Il n'est aucune langue, l'hébreu excepté, qui ne se rapporte à une autre langue. L'hébreu seul a sa raison grammaticale et historique; seul il s'explique et se développe sans secours : donc l'hébreu est cette langue primitive, mère et nourrice de toutes les autres. (*Splendeurs de la Foi*, par l'abbé Moigno, tome II, appendice D, page 45.)

3. Il a suffi de quelques axiomes pour établir toutes les sciences abstraites; semblablement il suffirait d'être initié au sens intime et primitif de quelques éléments du langage pour constituer la représentation intellectuelle de tous les mots connus, c'est-à-dire toutes les langues possibles.

ment tant de langues différentes sont parlées aujour-
d'hui sur toute la surface du globe.

La Bible nous apprend que Dieu a confondu la
langue commune des hommes, lors de la construc-
tion de la tour de Babel ; qu'il les divisa de cette manière et *les fit se répandre sur toute la surface de
la terre*, comme il le leur avait déjà ordonné. On
peut se rendre compte de ce fait d'après la connaissance du caractère humain, défini par le proverbe :
« *Tot homines, tot sensus* », « autant d'hommes, autant de jugements ». Il serait dès lors très étonnant
que toutes *ces différences*, de pensées et de sentiments
sur les mêmes sujets ne se soient pas également tra-
duites par des variations et des changements d'*expressions extérieures*. Il fallait bien faire varier l'association des radicaux élémentaires, pour rendre des
impressions, des jugements différents. Du reste, les
travaux des philologues tendent de plus en plus à
établir l'existence d'une seule langue primitive, d'où
dériveraient tontes les autres. *Nous sommes ainsi
ramenés au principe général de l'unité.*

Un fait qui devrait nous inspirer la plus grande
confiance dans le caractère d'un personnage aussi intelligent que Moïse, c'est la date récente qu'il assigne
à l'apparition de l'homme sur ce globe. Pour éviter
toute contestation à ce sujet, il pouvait, comme les
autres historiens, le noyer dans la nuit des temps. Il
est aujourd'hui facile de confirmer mathématiquement
l'apparition récente de l'homme sur la terre, en tenant compte de l'accroissement moyen de la popula-

tion. Cet accroissement est un fait acquis aujourd'hui. Il est actuellement de 0,005 : en France il est descendu à 0,00451. Si l'on admet un pareil accroissement pour les périodes antérieures, où les causes qui limitent le nombre des naissances n'existaient pas comme aujourd'hui, il est facile de voir qu'il ne faut pas un grand nombre de siècles pour couvrir d'habitants toute la surface du globe, qui est de 1,266,299 myriamètres carrés. Ce calcul pourra nous renseigner sur la date de l'apparition de l'homme et sur l'époque la plus probable de sa destruction *partielle*. M. Fra de Bruno, qui a fait le calcul, trouve 4,068 ans, en admettant un accroissement de 0,005 et une population de 1,300,000,000. Avec un accroissement de 0,00347, on trouve 5,863 ans et 1,320,000,000 habitants. En prenant l'accroissement de la France 0,00451 et quatre couples depuis le déluge, on trouve pour une population de 1,223,000,000, le nombre d'années 4,205, qui, ajoutées aux 1,556 ans écoulés depuis la création jusqu'au déluge, nous ramène *aux enseignements de la Bible*. Toutefois, il faut encore remarquer que ce chiffre d'habitants 1,300,000,000 par 1,266,299 myr., carrés donne plus de 1,000 habitants par myr. carré, ce qui correspond au pays le plus peuplé de l'Europe. Lavallée, dans sa géographie, indique le chiffre de 7 à 800,000,000; cette observation diminuerait encore le nombre d'années.

Renversons maintenant la question. Acceptons la donnée biblique et cherchons l'accroissement de la population depuis Noé. D'après le chiffre de population cité plus haut, cet accroissement est celui actuel de la France. Si nous admettons que le globe puisse nourrir dix fois plus d'habitants, ce qui donne 10,000 habitants par myriamètre carré [1], nous obtiendrons 5,035 ans, le temps au bout duquel l'accroissement cessera, c'est-à-dire l'époque où l'homme commencera à disparaître de la terre; nous ne serions éloignés que de 830 ans de cette date. Si nous prenons 1,000,000,000 habitants, moyenne entre les deux nombres extrêmes, nous trouverons pour l'arrivée de ce même événement 4,718 ans et il se produirait dans un demi-siècle environ. On pourrait considérer cette époque comme voisine de celle qu'a prédite Jésus (S. Matthieu, ch. xxiv, vers. 40 et 41).

Toutefois, remarquons-le bien, nous ne savons pas la loi que suit cet accroissement de la population. Nous savons qu'il doit exister conformément à la parole du créateur qui a dit aux hommes : « *Croissez et multipliez* ». L'expérience, d'un autre côté, confirme ce fait sur toute l'étendue du globe. Cependant nous pouvons admettre qu'à l'origine l'accroissement était au moins aussi rapide qu'aujourd'hui. Cette simple donnée très plausible suffit pour nous convaincre de la date relativement récente de l'arrivée de l'homme sur la terre. Il n'en est plus de même pour l'avenir, nous ne pouvons que faire des hypothèses plus ou moins probables sur les valeurs que doit

---

1. Ou un habitant par 100 mètres carrés.

prendre cet accroissement dans la suite des temps. Il peut devenir presque nul pendant des siècles. Nous pouvons observer qu'à l'époque où il deviendrait nul, la parole de Dieu « croissez et multipliez » cesserait de s'accomplir. D'un autre côté, si nous nous reportons à l'Evangile, nous savons que Jésus avertit ses disciples que personne (pas même les anges) ne peut savoir l'heure de la fin de ce monde. Cela doit nous suffire, notre but étant de prouver seulement que la Bible a raison en donnant une date récente à l'apparition de l'homme sur la terre. Mais nous allons montrer que ce livre contient des enseignements précis, susceptibles d'être vérifiés par l'expérience et les sciences mathématiques.

Si ce document est inspiré de Dieu, la genèse du monde indiquée par lui doit nous présenter un tableau visible des principales propriétés des figures géométriques et des nombres, comme il nous l'apprend lui-même : « *Vous avez fait toutes choses avec poids, nombre et mesure* » (Sagesse, ch. XII, vers. 21). En effet, en se laissant guider par les Écritures pour la mesure du temps, on prend les phases de la lune pour figurer une grande horloge céleste, on remarque qu'elle correspond exactement à l'horloge terrestre des marées. De plus, la lune est le seul des trois corps en présence dont la rotation ait une commune mesure avec sa translation, et ce rapport *est l'unité*. La même observation s'étend aux lunes qui sont les satellites des autres planètes. Si nous prenons le premier grand phénomène remarquable qui se présente pour marquer une division sur ce cadran immense formé par la lune, nous trouvons la grande marée des syzygies qui arrive au troisième passage de cet astre au méridien, précisément au moment où les cornes commencent à devenir visibles [1]. L'arc parcouru pendant ce temps est la dix-neuvième partie correspondant à la révolution synodique. Or, remarquons que 19 multiplié par 19 est égal à 360, plus une unité. En substituant les chiffres exacts, on obtiendrait 360 exactement. De sorte que, si nous divisons cet arc en dix-neuf parties, une de ces parties sera contenue trois cent soixante fois dans la circonférence. *Voilà donc la division de la circonférence en 360° faite par la nature elle-même.*

Pendant que la lune décrit cet arc représenté par 19, la terre fait aussi *trois* demi-tours sur elle-même par rapport à la lune; de plus, pendant cet intervalle de temps, la lune décrit dans l'espace un arc qui est précisément égal à *trois fois* la longueur du tour de la terre développée dans le ciel. Ce chiffre 19 correspond aussi aux dix-neuf révolutions synodiques du nœud de la lune, au bout desquelles les éclipses de lune et de soleil se reproduisent aux mêmes dates. Ces périodes de dix-neuf révolutions du nœud correspondant à des extinctions de lumière, peuvent être prises naturellement pour des unités de divers ordres

1. Ainsi commence à apparaître le croissant de la lune, comme le premier signal dans le ciel pour marquer le temps correspondant au premier grand phénomène sensible à la surface du globe.

de grandeur, convenables pour mesurer les temps. On a aussi vingt-neuf éclipses de lune pendant cet intervalle, ce qui complète l'analogie avec le nombre de jours du mois lunaire. Cet intervalle était le *Saros* des Chaldéens. C'est pourquoi, en prenant un certain nombre entier de circonférences pour mesurer ces périodes, on serait amené à en considérer *une* seulement pour représenter le temps correspondant au premier phénomène de la grande marée, qui est le plus court. En adoptant donc 360° pour représenter le temps de ce phénomène, si nous prenons pour *unité de longueur* la circonférence de la terre, nous devons prendre le tiers de 360° pour représenter l'*unité de temps*, la longueur du jour; c'est donc 12 *multiplié par* 10. Un demi-tour de la terre correspondant à la longueur d'une circonférence entière de la terre *décrite* par la lune dans le ciel, on est amené à prendre *un cadran entier* pour représenter le temps écoulé pendant cette demi-rotation; il faut donc diviser par deux les degrés trouvés ci-dessus, (12×10) pour estimer le temps, soit 12×5 ou soixante parties. *Voilà donc la division du cadran retrouvée dans la nature.* Cette division en douze parties se retrouve dans la division de l'année sidérale qui se compose de douze mois lunaires, plus douze jours; enfin, douze est un sous-multiple de 360. (On trouvera à l'appendice les calculs effectués et d'autres remarques sur les unités de mesure.)

La lune, présidant aux nuits, c'est-à-dire aux époques de repos, a donc été bien choisie pour fixer les jours de repos, les dimanches et fêtes. En prenant les jours *lunaires* et la durée de la révolution synodique de la lune pour la longueur du mois, on a 28,5 jours. En adoptant des jours lunaires et des mois de 28 et 29 de ces jours, à l'instar des Israélites, pour compter et fixer les jours fériés, nous aurions

$4 \times 7 = 28$ pour fixer les dimanches.

Il resterait six jours par année lunaire *correspondant précisément aux six grandes fêtes chrétiennes (Pâques, Ascension, Pentecôte, Assomption, Toussaint, Noël).* Quand les fêtes tombent un dimanche, il y aurait deux jours de repos, comme c'est du reste l'habitude. Dans ce système, on compterait par lunaisons et par cycle; par exemple, le septième jour de la cent vingt-troisième lunaison du cycle de Meton, ou de celui de Daniel (1040 ans, 2300 ans, ou 1260), *ou par Saros.*

La Bible nous indique la division du temps en sept périodes; nous pouvons retrouver cette même période dans la nature : les sept notes de musique, les sept couleurs principales reconstituant par leur mélange l'unité (la couleur blanche). En raison des lois d'harmonie qui brillent dans la nature, il est rationnel d'admettre que la création a pu être aussi produite en sept périodes harmoniques. Nous sommes en ce moment, dans la dernière période dont la durée peut être comparée aux précédentes.

Pour les calculs, je renvoie à un appendice placé à la fin de ce livre, où l'on trouvera également l'explication des plus grands phénomènes physiques annoncés par la Bible.

Pour terminer ce chapitre par un argument des plus probants, j'ai démontré, dans un ouvrage spécial (*La Théologie appliquée aux sciences*), que les vérités évangéliques renferment *la synthèse de toutes les sciences*. J'ai pu déduire de la loi unique de Dieu, proclamée par l'Evangile, un faisceau de lois spéciales qui régissent le monde matériel, concernant la chimie, la physique, l'astronomie, et des applications à la théorie des équations algériques, etc. Comme tous les phénomènes remarquables *de la dynamique céleste* ont été démontrés par l'analyse mathématique ou vérifiés par l'expérience, on est obligé de conclure *que les vérités évangéliques* qui nous ont servi de point de départ ont le même degré de certitude. Ce résultat n'a rien d'étonnant, car toutes les vérités faisant partie d'un plan divin, qui doit former un tout parfait, il est dès lors possible d'en trouver les *liens* remarquables dans les conséquences de la loi unique, qui régit l'univers entier. Enfin, il faut ajouter que le caractère de généralité absolue de ce principe lui donne un degré de certitude infiniment plus grand. En outre, les phénomènes éternellement stables qui puisent leur origine et leur explication dans ceux de l'âme, achèvent de lui donner *un cachet de permanence,* comme aux vérités abstraites.

D'un autre côté, les conquêtes des sciences ont toutes pour base quelques principes simples et en très petit nombre, dont on tire des conséquences. Cette observation *générale* ne doit-elle pas nous engager à élever nos idées toujours plus haut dans la même voie, en cherchant à rattacher ces principes à un seul principe d'*origine divine !*

TITRE II

CHAPITRE I

LA QUESTION DES DIFFÉRENTES ÉGLISES.

Notre raison est une lumière naturelle comme celle qui éclairait saint Jean le précurseur; elle lui a permis d'en reconnaître une plus puissante *qui l'éclipsait;* mais l'expérience nous apprend qu'elle est insuffisante pour interpréter, à elle seule, l'Ecriture-Sainte. Le vieux proverbe « *Tot homines, tot sensus* » et nos divisions religieuses ne le confirment que trop. C'est ainsi que se fait sentir, sur notre intelligence en particulier, d'une manière si indubitable, l'influence du péché originel, qui a oblitéré toutes nos facultés et corrompu toutes nos voies. Nous avons déjà indiqué et apprécié ce manque d'infaillibilité de notre esprit et les causes de nos variations de jugement sur la même question, et nous avons signalé le procédé à suivre pour y remédier (1re partie, page 94).

Ainsi, également sensés, également remplis de

l'amour de Dieu, tous les chrétiens n'ont pu s'accorder entre eux. Nous ne pouvons pas nous en rapporter à nous seuls. Il n'y a donc pas moyen de nier l'infirmité de notre esprit, *et la nécessité de recourir à une autorité plus haute et unique.* C'est là, remarquons-le bien, un premier résultat capital et décisif dans la question qui nous occupe.

Où donc trouver cette autorité plus haute et unique?

Où donc trouver les termes de la vérité absolue?

Le divin Soleil des âmes n'a pas voulu, sans doute, la laisser entièrement dans l'ombre. En se laissant guider par ces rayons, dont la puissance est infinie, notre intelligence peut espérer la découvrir. Revenons donc toujours à la *loi unique* formulée dans la prière de Jésus *qui demande à son Père de nous réduire tous en un avec lui.* Ce précepte de l'amour divin, de la bonne harmonie des individus et des états entre eux, le besoin que nous avons de secours mutuels, la mission de propager l'Evangile sur toute la terre, réclament un centre commun d'impulsion et de direction. L'expérience des variations humaines est faite depuis plusieurs siècles : elle nous conduit à la même conclusion que la loi générale proclamée par le Christ ; la raison et l'expérience nous prouvent que la seule manière d'entendre la prière de Jésus est de rentrer tous dans la même Eglise, de reconnaître l'autorité d'un seul Chef visible, pour faire cesser nos divergences d'interprétation. D'un autre côté, ce lien général ne ressort-il pas de notre origine première, qui nous fait tous descendre d'un seul homme? Nous reconnaissons également l'autorité d'un seul dans la famille, ce premier degré de l'échelle sociale, comme au plus haut, nous nous inclinons devant un seul Dieu. On doit reconnaître le même principe pour tous les degrés intermédiaires dans l'œuvre du Créateur, qui doit briller par l'harmonie dans toutes ses parties. Pour posséder la vérité, il faut observer l'unique commandement de Dieu, c'est-à-dire nous unifier, revenir à l'unité. Comment obtenir pratiquement ce résultat, si ce n'est en nous ralliant à un seul chef visible pour toutes les églises, ainsi que Jésus l'a établi (S. Matthieu, ch. xvi, vers. 18 et 19).

Après sa résurrection, le Christ confirme cette institution en répétant trois fois à saint Pierre : Pais mes agneaux, pais mes agneaux, pais mes brebis (S. Jean, Evang., ch. xxi, vers. 15, 16 et 17). Auparavant, il lui avait dit, il est vrai : « Retire-toi de moi.... » Mais il ne faut découvrir dans cette parole que le reproche d'une faute commise par un homme non encore revêtu de la force d'en haut, le reproche d'une faute aussitôt pardonnée par Celui qui était venu prêcher la miséricorde. Quelle réponse plus en harmonie avec son caractère de Messie pouvait-il faire aux trois reniements de saint Pierre, que ces trois invitations : « Pais mes agneaux, pais mes agneaux, pais mes brebis » qui sont comme autant de pardons ! Du reste, on ne saurait admettre de contradiction dans les paroles dictées par le Saint-Esprit, qui, connaissant l'avenir, a dû savoir d'avance les défaillances de saint Pierre. Il ne l'aurait donc pas proclamé le chef visible de l'Eglise, si telle n'avait pas été l'intention de Dieu. Lorsque toutes les sociétés civiles reconnaissent l'établissement d'un pouvoir central comme indispensable, serait-il possible d'en nier l'utilité, la nécessité dans les sociétés religieuses appartenant à différentes nations? D'ailleurs, aucun des dissidents, quoique convaincu de la vérité absolue de l'Evangile, ne s'est tout-à-fait soumis aux préceptes du Christ pour faire cesser son désaccord. (S. Matthieu, ch. xviii, vers. 15 à 20 inclus). On pourrait dire, l'histoire à la main, que chacun des Réformateurs a tenu une conduite tout opposée à ces principes.

Nous nous proposons de développer, dans les chapitres suivants, le caractère de généralité absolue de la loi divine unitaire, en montrant qu'elle régit le monde entier, les âmes comme les corps matériels.

CHAPITRE II

Dieu a donné à l'homme croyant des commandements pour le diriger dans toutes ses relations avec ses semblables. Pour les simplifier, il les a tous réduits à la loi unique de l'amour parfait, qui est la base de toutes nos études. Elle doit nous suffire, car nous ne saurions avoir la prétention d'imaginer de meilleures règles. En effet, elles pénètrent à la source même où s'élaborent nos projets et nos actes; elles atteignent nos pensées, nos désirs; elles enchaînent nos mauvais instincts, et elles ne peuvent produire que le bien absolu.

Cette loi unique nous invite à traiter le prochain comme nous mêmes. De cette manière elle établit *le règne de la fraternité et de l'égalité les plus complètes*. L'égalité ne saurait être obtenue autrement, si ce n'est par la force : dans ces conditions, elle ne pourrait engendrer que les moyens de défendre ses droits, les discussions, les luttes, les guerres, et finalement la suppression même de l'égalité par la victoire et la domination du plus fort; elle favoriserait le développement de nos mauvais instincts, en nous plongeant dans l'égoïsme le plus absolu; elle limiterait l'emploi de notre activité physique et morale, dans le cercle le plus étroit; elle emprisonnerait nos pensées, nos sentiments, au lieu de leur donner *la liberté;* elle supprimerait tous les liens de *fraternité,* en détruisant la charité. Enfin, toutes les mesures égalitaires appliquées à des facultés physiques, intellectuelles et morales *très inégales* deviendraient souverainement injustes! Cette inégalité, qui nous choque dans le monde, est précisément le chef-d'œuvre du plan divin; car, en faisant des dons différents aux uns et aux autres, le Créateur a permis à chacun d'aider son semblable, de lui offrir quelque chose, de lui causer du plaisir, et de s'en faire aimer. C'est de cette façon charitable et volontaire, que l'égalité et la fraternité peuvent être réalisées, en créant chaque jour des liens de solidarité plus étroits et plus nombreux entre tous les êtres. Ce sont les seuls liens dignes d'être rendus éternels : ils sont nés à la voix de Dieu infiniment bon !

Toutes les réformes sociales ne pourront jamais trouver de solution plus pratique, plus durable pour améliorer le sort de tous les hommes; car c'est leur Père à tous, Être parfait et tout puissant, qui la leur a donnée.

Toutefois, ce cri de l'âme blessée qui réclame *liberté, égalité et fraternité,* prouve que la loi de Dieu n'est pas observée. Alors nous voyons partout s'établir à sa place une loi humaine reconnue nécessaire par l'expérience de toutes les nations, et une force matérielle pour en assurer l'exécution. En vertu de quel droit vient-elle s'imposer aux hommes? C'est précisément parce qu'ils ont tous reconnu *l'impossibilité de laisser la liberté de tout faire*, car elle amènerait forcément les désordres, les rencontres, les luttes, entre les principes opposés et finalement *la suppression de la liberté pour le parti vaincu*.

Pour que les différentes sociétés puissent marcher librement vers leur but final, sans se contrarier, il faut évidemment qu'elles obéissent à un même principe, c'est-à-dire à la loi unique de Dieu. Les remarques faites au chapitre précédent trouvent ici leur application dans le gouvernement des peuples. Ainsi les sociétés sont des *réunions* de famille : or, ce premier rouage fonctionne sous l'impulsion d'un seul, *du Père,* et l'ensemble du monde entier est encore gouverné par la main d'un seul, du Père *tout-puissant*. N'est-ce pas là le type le plus simple à adopter pour les relations de la société qui sont intermédiaires? Les différentes formes de gouvernement doivent donc se rapprocher de ce modèle donné par Dieu lui-même. Du reste, la création *des lois humaines* prouve que nous sommes incapables de nous diriger seuls en ce monde : or, si nous ne savons pas gouverner notre propre personne, comment pourrions-nous prétendre gouverner des millions d'hommes, si une influence divine ne prédestinait pas certains individus à ces fonctions [1] ? Elle se fait sentir

____

1. Telle est la doctrine de saint Paul sur la prédestination. (Epi-

dans le sein de la famille, où nous voyons cet être providentiel, notre père. Les différents membres obéissent à cette voix autorisée, qui règle tous leurs rapports. Les liens du sang, l'affection qui en dérive, le respect naturel qui soumet le fils au père, l'intimité, la connaissance du caractère, des facultés de chacun, donnent à son autorité un pouvoir *discrétionnaire*, qui se conforme *naturellement au précepte de l'amour divin* pour ses enfants. Dans les sociétés, la loi devrait être également *la parole écrite du Grand Père de famille invisible*, qui nous commande de nous aimer les uns les autres. Oubliant notre origine céleste, insensibles que nous sommes au sentiment de filiation qui nous fait tous enfants de Dieu et frères, le pouvoir discrétionnaire du père doit cesser pour être remplacé, en quelque sorte, par la voix de la conscience entendue de tous. Elle sait se prononcer, en toute assurance, sur le bien et le mal, le juste et l'injuste, et formuler son jugement en principes à suivre. Les lois deviennent, en quelque sorte, des moyens mécaniques destinés à assurer le fonctionnement régulier de toute la machine humaine, en les appuyant par la force brutale ; dans la vie parfaite, chacun de ces règlements devrait être remplacé par un lien volontaire d'affection, produisant le même résultat. Voulant consulter notre conscience seule, nous sommes obligés de reconnaître, dans les sociétés,

tres I, ch. xii.) Dieu ne nous donne-t-il pas nos qualités spéciales et nos aptitudes soit pour les arts, soit pour les sciences ?

des situations qu'il faut sans cesse améliorer, pour nous élever enfin à l'accomplissement de la loi divine. Quoiqu'il en soit, le Créateur doit nous avoir fourni assez de lumière pour apprécier toutes les questions de droit, et en particulier, celles de la propriété et de l'hérédité, qui constituent les bases des États. Dieu nous a fait présent de dons *très différents*, qui brillent dans les qualités morales, les facultés physiques et intellectuelles des individus. On ne peut admettre qu'il ait changé son plan divin, à propos de biens matériels et passagers, puisque de cette variété devaient naître plus de liens d'attachement entre nous. On s'est demandé si l'hérédité était un moyen légitime d'entrer en possession des biens. Nous reconnaissons à autrui le droit de distribuer *de son vivant,* sa fortune à qui il veut, comme il l'entend, par la charité ou par des présents. Pendant sa vie, il pourrait déjà la laisser à ses enfants ; il faut donc lui reconnaître le même pouvoir à sa mort, puisqu'il avait la faculté de le faire auparavant. C'est, du reste, un droit naturel inscrit dans le cœur des pères. L'Etre suprême le confirme, en nous condamnant à l'héritage du péché originel, dans le but de créer entre tous un lien d'amour éternel. Enfin, pour faire la contre-épreuve : dans le système opposé, on ne rencontrerait que désordres, révolutions et bouleversements continuels.

Après s'être prononcée sur la constitution de la propriété, la conscience est à même d'établir une législation équitable à la suite d'une étude spéciale de chaque affaire générale : elle doit être basée sur la connaissance des différents rapports des individus, des sociétés, de leurs besoins, de leurs désirs et de leurs aspirations légitimes. De là, une réglementation aussi variée que le nombre des questions différentes.

Remarquons-le bien, on ne saurait introduire ce code dans la famille, car c'est par suite de l'imperfection de nos sentiments chrétiens que nous sommes condamnés à des lois humaines. En les imposant à la famille, on les substituerait aux liens naturels qui la constituent; elles amèneraient la discussion des droits respectifs, les disputes, les luttes, l'affaiblissement de l'autorité paternelle nécessaire aux enfants, et finalement l'anéantissement de toute affection. Réciproquement, par suite des défauts inhérents à notre nature, le pouvoir discrétionnaire ne pourrait être laissé sans péril entre les mains d'un seul, qui ne peut avoir pour *tous* les sentiments et les droits du sang, et qui, en outre, ne possède pas tous les biens, toutes les connaissances, les aptitudes nécessaires. D'un autre côté, ses sujets ne professent pas naturellement pour lui le respect et l'amour filial. Il est donc nécessaire de parer à ces défauts naturels, en assurant le pouvoir du gouvernement par la loi et la force, comme aussi il est indispensable de protéger la société contre la tyrannie possible, en imposant des limites et un contre-poids à toute autorité gouvernementale.

Quelle que soit la perfection d'un tel système de lois, il ne saurait atteindre qu'un certain nombre d'actes condamnables, il ne touche pas la conscience,

il ne peut enlever le remords, ni absoudre complètement le coupable, ni le réhabiliter, ni lui rendre l'espérance. S'il donne une satisfaction à la société par
la peine afflictive, il en retranche un de ses membres
parce qu'il imprime à celui-ci une tache ineffaçable
dans l'esprit du monde : cette tache s'étend même
souvent sur toute la famille. C'est là véritablement
que nous devons admettre la nécessité de l'intervention
divine, en reconnaissant que *l'Agneau de Dieu peut
seul effacer complètement le péché* dans notre âme,
sur la terre comme au ciel.

Enfin, dans tous ces systèmes politiques, aucune loi
réellement applicable ne lie les nations les unes aux
autres, tandis que, dans la société chrétienne, l'E-
glise instituée par Jésus renferme les fidèles de tout
pays, qui s'inclinent devant l'autorité d'un seul chef
infaillible pour toutes les questions religieuses. Il est
véritablement *ce Pasteur* unique, inspiré de Dieu, qui
peut gouverner des millions d'âmes, par l'intermédiaire de ses délégués choisis. Pouvons-nous avoir
de plus chers, de plus grands intérêts que ceux du
ciel? Ils sont *immortels!* La raison même nous con-
seille de leur subordonner et de leur sacrifier même
tous les autres, qui ne sont que *passagers* ici-bas. Nous
devrions donc rechercher, dans une juste mesure, la
direction spirituelle de l'Eglise catholique, puisque
c'est dans son sein que nous devons vivre toujours
dans l'avenir éternel! L'apôtre saint Paul nous l'apprend en disant : « Quand verra-t-on les peuples se
« souvenir qu'ils ne doivent former qu'un seul corps?»

(Saint Paul, Ephes., iii, 6.) Nous rentrons de cette manière dans le grand principe de l'unité. Rien ne doit être désuni en ce monde. La politique, qui doit toujours s'inspirer des conseils de la suprême sagesse, ne saurait mieux faire que de s'attacher à la Religion et d'écouter sa voix.

CHAPITRE III

LE LANGAGE UNIVERSEL. — REPRÉSENTATION GÉNÉRALE
DES PENSÉES ET DES SENTIMENTS.

§ 1

Révélation du sens intime des phrases musicales.

Les sons musicaux mettent en mouvement les
fibres du nerf acoustique et se transmettent jusque
dans l'âme, où ils produisent *la sensation de l'harmonie;* pareillement, tous les événements, les actions
de la vie agitent les fibres les plus sensibles de nos
cœurs, où elles donnent naissance aux impressions les
plus variées. C'est cette similitude d'effets qu'on peut
chercher à rendre par des sons. *Le compositeur*, qui
les éprouve à un degré plus puissant, les exprime en
tirant de la voix humaine ou des instruments des
phrases musicales qui engendrent en lui des *sensations
identiques* à celles qu'il ressent dans les différentes
situations de la vie; il ne fait donc qu'*imiter* par des
sons les propres agitations de son cœur.

Les mots variables d'une nation à l'autre sont, en réalité, des signes artificiels destinés à représenter ce que nous voyons, entendons et sentons tous également. Chacun d'eux est susceptible d'être prononcé avec une variété infinie d'intonations, correspondant au rôle qu'il joue dans une scène réelle ou idéale. Inversement, ces accents variables, échappés mystérieusement de nos âmes, sont la *représentation de nos impressions*. La musique, en imitant ces modulations, agite semblablement nos fibres, et reproduit ainsi en nous les mêmes sensations : Elle est donc la véritable langue des sentiments, chacune de ses phrases les exprime, mais leur sens ne peut être dévoilé que par nos actions.

Les fables, les aventures même imaginaires, les événements de toute nature captivent notre attention. Les sensations éprouvées dans ces circonstances deviennent encore plus puissantes et plus durables, lorsque notre rôle de lecteur ou de spectateur se change en celui d'acteur dans ces mêmes scènes. Rappelons-nous les ravages causés intérieurement par la colère, la vengeance, ou les douceurs du pardon qui leur succèdent. Rappelons-nous nos remords cuisants à la suite de nos fautes, ou les satisfactions résultant du bien accompli. Mais c'est surtout en nous mettant en relation avec Jésus, en cherchant à l'imiter dans ses œuvres que nous ressentons des joies inconnues. Sous cette influence, nous éprouvons des impressions nouvelles, qui nous apportent comme des échos lointains de mélodies célestes pour exprimer les ravissements de l'amour,

de l'amitié de la charité, de la miséricorde, de la générosité, de la magnanimité, du pardon, etc... Alors
une voix sans pareille parle à nos âmes une langue
mystérieuse, mais pleine de douceurs ineffables. Dieu
ayant fait l'homme à sa ressemblance, quand nous suivons l'exemple de son fils bien aimé, chacun de nos
actes doit toucher notre cœur comme le sien, nous
devons naturellement participer à ses *satisfactions*
divines. L'artiste inspiré, qui parvient à produire par
des combinaisons musicales ces mêmes effets intimes,
nous fait donc entendre des harmonies toutes célestes : *Merveilleux échos d'une langue inconnue au
vulgaire, ils révèlent le secret de leurs charmes à
quelques êtres privélégiés, qui ont déjà éprouvé des
émotions identiques à la suite de leurs actions.
Ces harmonies intérieures qui s'accordent si mer-
veilleusement avec les harmonies extérieures sont, en
réalité, de véritables compagnes célestes ; souvent
séparées ici-bas par les hommes, elles viennent parfois se réunir dans les âmes charitables, comme
dans leur temple, pour y célébrer la gloire et la
magnificence de Dieu !*

La musique exprime les impressions intimes qui
nous agitent à la suite de nos actions, et de certains
états particuliers de l'âme. Nous comprenons comment les charmes secrets et le sens intime de certaines phrases musicales peuvent nous être dévoilés par
la pratique du bien. Voilà les éléments de la véritable langue *universelle* des sentiments.

§ II

Représentation des pensées et des impressions par la peinture.

Il en est de même pour le plaisir des yeux : le peintre peut aussi retracer ces mêmes situations intimes : car nos pensées, nos sentiments produisent en nous des effets cachés à nos yeux ; mais, si nous les laissons agir, ils mettent à leur tour en jeu toutes nos fibres matérielles, tous nos muscles. Nous pouvons citer, comme exemple à l'appui, le tableau de la colère par Sénèque : « De même que la folie a des signes cer- « tains, le visage hardi et menaçant, le front triste, le « regard farouche, la démarche précipitée, les mains « convulsives, le teint changeant, la respiration fré- « quente et s'échappant avec violence, ainsi l'homme « en colère présente des symptômes semblables. Ses « yeux s'enflamment, étincellent, un rouge éclatant « couvre son visage, le sang bouillonne dans son « cœur, ses lèvres tremblent, ses dents se serrent, ses « cheveux se dressent et se hérissent : sa respiration « est gênée et bruyante, ses articulations craquent en se

« tordant, il gémit, il rugit, sa parole s'embarrasse de
« sons entre-coupés, ses mains s'entre-choquent fré-
« quemment, ses pieds battent la terre : tout son
« corps est agité, tous ses gestes sont des menaces. Tel
« est le portrait hideux et repoussant de celui que
« décompose et gonfle la colère. » On obtiendrait
l'*image inverse* en substituant à ces expressions si
justes celles qui leur sont exactement opposées, et, en
les graduant, on aurait une représentation de diverses
nuances de sentiments. *Examinons,* en passant, une
source particulière d'effets produits par la charité.
Nos bienfaits provoquent une série d'expressions variées dans les physionomies des personnes secourues :
Leur reconnaissance se traduit par des sourires de la
bouche, des yeux ; par la grâce dans les poses, les
gestes ; par une illumination du sujet dont les mouvements de l'âme sont en harmonie avec ses satisfactions
intimes. Les manifestations de ces impressions deviennent plus sensibles par le contraste. Les fibres ten-
dues par les souffrances, les contorsions peintes
sur la figure du patient, en se détendant sous l'action
de secours efficaces, laissent subitement apparaître les
expressions opposées dues à la délivrance des douleurs, des peines. On arrive de cette manière à connaître une série d'images simples, de beautés élémentaires dans le jeu des lignes, dans les traits, dans les
formes et leurs modifications successives. On pourrait
les classer par types, comme des fleurs différentes.
Chacune de ces figures serait la représentation d'un
état particulier de l'âme. Son apparition révélerait

non-seulement nos dispositions secrètes, mais aussi nos pensées et nos habitudes.

Dans tous les actes de notre vie, nous ne faisons que reproduire extérieurement des images semblables à celles qui existent dans notre esprit ou devant nos yeux. Par notre éducation même, toutes nos fibres sont habituées à traduire les mouvements intimes qui nous animent. *Le mouvements extérieurs ainsi produits sont donc engendrés par ceux de notre intérieur.* Alors, *inversement,* nous voyons comment leur imitation par le dessin indique ce qui se passe au fond de nos âmes; les artistes peuvent donc nous faire ainsi entrer en communication avec leurs sujets et participer, en quelque sorte, à leur existence intime. Voilà pourquoi les portraits bien réussis respirent la vie!

La peinture nous offre donc un moyen de représenter les pensées, les sentiments, et de les fixer en quelque sorte, d'une manière indélébile, devant nos yeux.

Mais comment expliquer l'origine de ces formes, de ces grâces qui nous séduisent? Observons qu'à la suite de nos actions accomplies à la voix de Dieu, les impressions ressenties doivent être en rapport avec celles du Créateur et se manifester par les signes extérieurs les plus agréables, en vertu de leur *origine céleste.* De là dérivent *souvent* les charmes secrets des différents genres de beauté. Par tous leurs attraits, elles nous confirment l'existence à l'intérieur de l'homme *du souffle divin* qui les engendre. Pourrions-nous en douter lorsque nous le voyons opérer sous nos yeux la transformation de figures laides en physionomies agréables!

Le jeu des traits révélant tous les mouvements de l'âme qui les produit, la fait donc apparaître réellement à nos yeux. Le peintre assez habile pour saisir ces traits à l'instant où ils sont sous l'influence céleste d'une bonne action, nous donne une image de la plus belle œuvre du monde, telle qu'elle est sortie des mains du grand Artiste de l'Univers!

§ III

Représentation générale des sentiments et de la vie intime.

Il résulte des deux études précédentes sur la musique et la peinture qu'il existe un lien remarquable entre les harmonies extérieures et intérieures ; les unes rappellent les autres et en révèlent le sens mystérieux. Pour rendre toutes ces sensations réunies, le meilleur système ne consiste-t-il pas à se servir comme instrument des êtres mêmes qui les éprouvent, et auxquels la nature a départi des dons spéciaux d'impressionnabilité et d'imitation? Alors ce ne sont plus seulement des tableaux, des instruments qui vont agir sur nous, la musique et la peinture ne sont elles-mêmes que des copies de nos impressions. Le spectacle direct des scènes exerce une influence beaucoup plus grande sur nous. En effet, la vie se peint elle-même par les poses, les gestes et les jeux de physionomie des acteurs, elle nous fait entendre ses propres émotions et nous présente en même temps des tableaux vivants. Il y a là *trois* effets concomitants, que *nos yeux, nos oreilles et nos cœurs* ressentent à la fois. Ce sont donc trois manifestations simultanées de l'âme, la plus grande de toutes les merveilles; car c'est Dieu qui l'a faite à sa *ressemblance. N'est-ce pas la véritable apparition des trois Grâces* [1] *descendues du ciel pour y appeler les hommes?* De leur accord résultent des charmes plus grands. Tout le monde les a éprouvés au théâtre. Mais un seul artiste peut-il entendre résonner toutes les fibres du cœur humain? peut-il répéter parfaitement ces harmonies intimes qu'il entend au fond de son âme? Au Paradis seulement ces effets seront rendus admirablement par ceux qui les auront éprouvés à la suite de leurs actions.

Les plus belles manifestations de l'âme doivent donc être observées dans la pratique des vertus, des grandes et nobles actions. On en tire cette conclusion pratique que peintres, musiciens, littérateurs devraient chercher à représenter leurs plus beaux sujets dans l'accomplissement d'actes conformes aux commande-

---

1. Sujets mythologiques qui doivent sans doute leur origine à des causes premières semblables.

ments de Dieu. Les meilleures conditions se rencontreraient donc dans le cas où le sujet deviendrait le bienfaiteur de l'artiste et réciproquement. N'en sera-t-il pas ainsi au Ciel entre notre Père céleste et sa créature, toute remplie de son amour, lorsqu'il la fera renaître au souvenir de ses bontés passées, et sous l'action puissante de tous ses nouveaux dons immortels [1] !

1. Nos pensées parties à l'origine des sources célestes de toute vérité reconnue par notre esprit, ont été ramenées naturellement jusqu'à leur divin Créateur, après avoir décrit un cercle entier d'une manière continue. Il en résulte que toutes les pensées qui forment un cycle ainsi parcouru et fermé sont l'expression d'autant de vérités qui tiennent les unes aux autres comme les anneaux d'une chaîne non interrompue reliant l'âme avec son Créateur. Elles constituent les rameaux des différentes branches de nos connaissances.

APPENDICE

En distribuant aux hommes des dons variés et différents, le Créateur les appelle visiblement à devenir ses coopérateurs. En permettant à chacun d'offrir quelque chose à son semblable, il fait naître les liens de l'amour qui doit les unir éternellement. Il nous le montre clairement en nous attachant à des parents, qui nous transmettent la vie du corps, de l'esprit et du cœur. Ne sont-ils pas destinés à nous garder et à nous diriger vers lui à travers les événements ? Mais les lois de l'Etre parfait sont invariables et permanentes, ainssi que nous le confirme l'Ecriture-Sainte. Par suite, les âmes, en passant de ce monde dans l'autre, doivent continuer à remplir le même rôle auprès de nous, si elles en demeurent dignes. Comme notre séjour ici-bas est une image de notre existence future, les êtres spirituels, au lieu de s'occuper de nos intérêts passagers, travaillent à notre avenir éternel : ils continuent leur mission auprès de nous. Il est facile de s'en rendre compte. Participant à la vie même de Dieu, ils voient comme lui nos pensées, nos désirs, nos actions; ils peuvent donc encore mieux nous conduire en toute connaissance de cause, et concourir efficacement, avec les bons Anges, à la préparation de nos destinées. Cette fonction est-elle possible? Comme nous ignorons l'origine des idées, des découvertes, des faits attribués au hasard, n'est-il pas rationnel de la rechercher au milieu des mystères qui l'environnent, dans des relations avec ce monde invisible mais réel? En effet, l'œuvre de Dieu doit former un tout parfait, sans discontinuité, sans séparation. Alors, par analogie à ce qui se passe dans les rêves, les Bienheureux présenteraient à notre esprit les images des bonnes pensées. Ils nous dirigeraient de cette manière dans l'accomplissement des actes qui intéressent notre salut; ils rempliraient nos âmes de leur feu sacré pour les animer de bonnes dispositions. Suivant les inductions les plus légitimes, ils nous inspirent nos bons mouvements et nous aident à faire notre devoir. De même que nous semons des graines matérielles dans le sol, ils déposent en nous les germes célestes des qualités, des vertus : ils en récoltent également les fruits qui sont nos bonnes actions; elles réjouissent l'Etre infiniment bon. Comme il est le meilleur des Pères, il a dû certainement associer ses enfants du ciel et de la terre *à tout ce qui est bien, beau et bon.* Voilà les véritables aliments du cœur, récoltés par la main des Elus et des Anges. C'est la moisson qu'ils offrent au souverain Maître, pleins de joie, d'amour et de reconnaissance. C'est là un maximum d'effets utiles, qu'ils peuvent et doivent produire. N'est-ce pas là une vie plus large, plus générale. plus conforme à la grandeur de Dieu ? Du reste, elle est imposée par la *loi unique de l'amour parfait,* qui doit relier, d'une manière constante et par des faits réels, tous les êtres destinés à former une seule et grande famille. Autrement la création manquerait d'unité dans son ensemble. Enfin, il faut bien donner une raison d'être à cette société indissoluble des Bienheureux. Nous reverrons ainsi en eux les mêmes images des pensées, qui nous ont laissé les meilleurs souvenirs; nous ressentirons auprès d'eux ce même souffle d'amour angélique, qui nous a inspiré nos bonnes dispositions, et qui renouvellera toutes nos joies passées. Ayant les mêmes pensées, les mêmes sentiments, nous participerons à leur propre vie, nous deviendrons leurs amis les plus intimes, ils seront, en quelque sorte, comme d'autres *nous-mêmes.*

Nous sommes amenés naturellement à nous demander si nous pouvons encore communiquer avec les défunts qui sont au purgatoire. L'application de la loi *unique* nous indique les moyens de vivre toujours avec eux. En se traduisant par des actes propitiatoires, elle nous permet de porter nos secours dans l'univers entier. Comme les douleurs de toute espèce se manifestent dans nos âmes par des agitations désordonnées qui les déchirent, il est possible d'engendrer les mouvements contraires qui rétablissent l'harmonie. Voici comment ce phénomène se produit. Lorsque nous faisons cesser ici-bas les peines du cœur, n'agissons-nous pas à distance sur des

esprits renfermés dans des corps matériels : par suite,
les impressions résultant de cette délivrance doivent
se propager beaucoup plus facilement dans le milieu
éthéré où habitent les trépassés. Dans l'œuvre de
Dieu, nous ne devons trouver rien de séparé, rien de
désuni ; tout se tient et se rattache à lui. Il n'a donc
imposé aucune limite aux charités de toute nature
opérées même en intention ; nous devons donc pouvoir
communiquer à tous les justes ce que nous pensons,
désirons, faisons *de bien, de beau et de bon.* Le feu
sacré de l'amour perce les ténèbres qui enveloppent
les pénitents, chasse la noire tristesse, répand autour
d'eux le jour et les plus douces impressions : ses
rayons ardents donnent la vie au monde de nos pensées. Eclairées par cette flamme céleste, les pensées
se transforment en de brillantes images parées de toutes
les grâces ; elles peuvent apparaître aux morts comme
à Dieu qui les voit toutes parfaitement. Si nous con-
sidérons, en particulier, celles qui constituent nos souvenirs communs sur la terre, ce sont des ombres qui
circulent autour de nous et les rappellent sans cesse
à notre mémoire : le moindre signe de notre volonté
ne doit-il pas suffire pour les évoquer, les rapprocher
et les unir toujours dans un même sentiment partagé ?
D'un autre côté, les affligés ne peuvent être abandon-
nés par leurs anges gardiens, leurs saints patrons et
tous leurs parents spirituels, auxquels le Tout-Puissant les avait confiés. Tous les Bienheureux communiquant avec eux, avec nous, sont donc nos intermédiaires, nos messagers entre la terre, le purgatoire et

le ciel. Enfin, le Créateur lui-même est venu au-devant de nos désirs, il nous a indiqué le moyen de continuer à vivre tous ensemble *par la prière en commun,* à laquelle il ne saurait rien refuser suivant sa promesse. (S. Matthieu, Ev., ch. xviii, vers. 19 et 20.) Cette promesse confirme une espérance facile à concevoir. En effet, lorsqu'un père se trouve entouré de ses enfants accourus pour lui demander une faveur, saurait-il résister toujours à ses sentiments d'affection en leur refusant une satisfaction possible? A plus forte raison, plusieurs d'entre nous se réunissant pour solliciter une grâce auprès de notre Père céleste, ne croyons-nous pas pouvoir l'obtenir, si nous n'en sommes pas indignes? Saurait-il se montrer insensible à tous nos désirs de charité et d'amour, celui qui est infiniment bon et puissant! A notre prière, il nous permettra sans doute de communiquer à nos chers morts : *pensées, espérances, actions et sentiments :* ce désir est même conforme à la loi unique, éternelle! Nous pourrons ainsi, avec l'aide de Dieu, créer encore entre nous vivants et trépassés des liens d'amour innombrables et immortels : nés dans nos esprits et nos cœurs, ces liens donneront le jour à autant de satisfactions variées ; au ciel, notre souvenir seul suffira pour rappeler et renouveler leurs charmes, avec toute leur première fraîcheur.

TITRE III

L'AVENIR

CHAPITRE I

LES MYSTÈRES DU MONDE INVISIBLE.

Parmi tous les phénomènes dont les causes premières échappent aux habitants de ce globe, nous pouvons signaler plus particulièrement : *la génération des espèces animales et végétales, la multiplication des semences, le mécanisme intime de la vie, le fonctionnement des facultés de l'âme :* la conscience, la mémoire, l'intelligence, l'amour, etc. [1], *et les procédés merveilleux employés pour les mettre en jeu et produire les événements, etc.*

Ici bas, nous ne voyons pas le séjour réservé aux Bienheureux, quoique l'existence de ce séjour nous soit une certitude. Un voile épais le dérobe donc à

---

1. Certains fruits sont cachés dans leurs enveloppes, de même ces mécanismes mystérieux sont renfermés dans notre corps qu'ils font mouvoir.

nos yeux [1], Jésus nous l'apprend en nous disant : « *Vous verrez les cieux ouverts et les anges monter et descendre autour de moi* » (S. Jean, Ev., ch. 1, vers. 51).

Cette invisibilité ne doit pas nous étonner, car la physique nous enseigne qu'il y a une infinité *de rayons totalement invisibles à l'œil humain*, et qu'il en est de même pour les sons musicaux. On peut étendre ces analogies au domaine de l'âme, car nous percevons et goûtons seulement les charmes des êtres aimés; comme ici-bas ils sont en très petit nombre dans notre entourage, nous pouvons nous faire une idée d'un bonheur inconnu!

Il est encore des tableaux placés devant nos yeux, qui nous échappent en raison de leur grandeur même; tel est celui qui représente l'ensemble de la création. Parmi tous les spectacles rêvés par nos cœurs, nous ne pouvons oublier celui de revoir les êtres aimés. Notre Père céleste aurait-il inspiré à ses enfants de tels goûts, de tels désirs, pour laisser à tous sans exception le regret de ne les voir jamais satisfaits? Mais, c'est un Père infiniment bon! Ne faut-il pas plutôt croire qu'il nous appellera auprès de lui pour jouir sans cesse de toutes ces surprises, de toutes ces joies [2]? Voilà le véritable avenir! il n'est pas de ce

1. Les expériences de M. Tyndall nous ont montré le mode de génération des firmaments bleus dus à la ténuité des particules gazeuses.

2. Il a mis l'espérance dans nos cœurs pour les appeler sans

monde, il est inscrit dans l'âme de chaque individu, qui jouira éternellement des béatitudes méritées ici-bas. Nous commettons donc une grossière erreur en attribuant au mot *avenir*, le sens si restreint adopté par la généralité des hommes.

Déjà dans notre voyage à travers le monde, nous pouvons découvrir facilement ces nouveaux horizons qui s'étendent à la vie éternelle. En effet, l'âme étant immortelle, n'est-ce pas dans le cours de son passage ici-bas qu'elle doit puiser les éléments de son existence future, après sa séparation d'avec le corps ? Sur la terre, nous trouvons la preuve de son indépendance d'une enveloppe matérielle, dans le phénomène des rêves. Ainsi, quoique les apparitions survenues dans nos songes soient fictives, elles agissent sur nous comme si elles étaient réelles : elles sont assez puissantes pour nous troubler, nous secouer fortement, et nous laisser des traces durables de leur passage, avec leur cortège de joies ou de peines. Pour achever de nous convaincre de cette indépendance, parfois, en sommeillant, nous sommes frappés par des sensations étranges tout-à-fait inconnues. Cette surprise ne nous est-elle pas ménagée pour nous révéler un avenir mystérieux ? Nous pouvons alors concevoir un sommeil perpétuel, où l'âme serait la proie d'un cauchemar sans fin, en présence continuelle de ta-

cesse à une nouvelle vie, il leur annonce ainsi leur immortalité ; il a placé l'espérance comme une divine lueur éclairant un horizon toujours nouveau, pour nous conduire vers lui.

bleaux, de scènes horribles qui la déchirent; après avoir quitté son corps, il ne lui est plus permis, comme sur la terre, de réveiller ce compagnon d'autrefois qui pourrait la distraire et l'éloigner de ces affreuses visions ; elle n'a plus le pouvoir de fuir ces terribles fantômes qui la poursuivent partout, car ils font partie inséparable de nous-mêmes, ils sont devenus des satellites éternels de nos esprits. *Inversement,* on peut facilement se représenter le retour continu de nos impressions et de nos souvenirs les plus agréables. Apparaissant et disparaissant tour à tour sous des perspectives toujours nouvelles dans un jour durant comme la pensée, on peut les comparer à autant d'images radieuses circulant sans cesse autour de nous. A leur lever comme à leur coucher, elles renouvelleraient, à nos souhaits, le spectacle des aurores et des crépuscules les plus splendides, pour se déployer dans toutes leurs beautés, en sortant de leurs voiles multicolores. Cette comparaison puisée dans la nature physique fait ressortir l'harmonie qui doit exister dans toute la création.

CHAPITRE II

§ I

Révélations obtenues par la loi des contrastes.

Parmi les différents moyens d'entrevoir l'avenir, il
en est un qui se présente naturellement à notre esprit.
Il consiste simplement à faire disparaître les imperfections du monde placé devant nos yeux. C'est un travail de transformation facile à opérer par la pensée.
Prenons des exemples.

Voyons, dans l'avenir, la création tout entière rétablie dans un ordre absolu. Tous les mouvements,
depuis ceux des plus grandes et des plus petites masses jusqu'à ceux de nos cœurs, s'effectueront dans des
rapports harmoniques. Tout devenant *visible et sensible* dans la céleste Patrie [1], il en résultera que chaque

1. La physique nous apprend qu'il existe quantité de rayons,

corps, vivant ou matériel, rendra de lui-même un son musical *d'un timbre différent*, variant suivant sa composition : il reproduira ce même son avec plus ou moins d'acuité lorsqu'on le touchera d'une manière quelconque, même en intention : *Voilà donc les éléments du langage universel !* Dans cet autre monde, les sensations deviennent perceptibles, pour les élus, comme pour Dieu. *Il en est de même des pensées.* On peut s'en rendre compte en imaginant une série successive de tableaux réels, qui serviraient à représenter extérieurement et matériellement tous les actes et les impressions des individus. Les rayons de lumière céleste les dessinent en traits brillants aux yeux des purs esprits. De cette manière, ces tableaux variés à l'infini constituent un véritable *moyen de communication* universelle ; car ils rendent toutes nos idées d'une manière identique et compréhensible pour les peuples *les plus différents.* Les bienheureux verront donc l'univers traversé par une foule d'apparitions ravissantes, au milieu des scènes magnifiques figurant l'accomplissement des commandements du Très-Haut. Toutes prendront des formes apparentes, elles nous feront

partis du soleil, invisibles pour l'homme et qu'un phénomène analogue se produit pour l'oreille, qui perçoit seulement les vibrations acoustiques comprises entre deux limites très rapprochées : il doit en être de même pour nos cœurs, car ils sont ici-bas sensibles à très peu d'influences. Par suite, que de beautés physiques, que d'effets harmonieux, que de charmes nous demeurent inconnus ! Quelles surprises ne devrons-nous pas attendre, lorsque l'accroissement des éléments de nos sensations deviendra immense !

entendre des concerts divins. Ce nouveau séjour, que des voiles épais nous cachent ici-bas, est habité naturellement par les anges et les âmes des justes trépassés. Là, *ils pourront réaliser tous leurs désirs.* En effet, pour les manifester, ils sont obligés de donner naissance à des pensées qui les expriment : alors *elles deviennent forcément visibles extérieurement pour tous, puisqu'il n'y a plus rien de caché pour les élus. Leurs images brillant extérieurement, représenteront donc la réalisation de leurs désirs, puisqu'elles dureront à leur souhait, au moins pendant tout le temps voulu. Comme elles prennent un corps lumineux dans ce milieu céleste, tous les élus participeront nécessairement à leurs charmes.*

Nous pouvons aller plus loin et nous initier à une connaissance personnelle des esprits bienheureux, comme nous allons le voir.

§ II

Image des beautés angéliques.

Ici-bas nous avons le triste privilège de connaître à fond les défauts et les vices plutôt que les qualités des individus. Nous n'aurons encore qu'à faire disparaître par la pensée ces différentes imperfections de la nature humaine. Comment? Bien des peintures des infirmités humaines ont été tracées de main de maître, beaucoup même sont gravées en traits indélébiles devant nos yeux, pour ne pas dire dans nos âmes. En les transformant, à l'aide d'*expressions complètement opposées*, nous arriverons à mettre au jour des images célestes, inconnues sur la terre. Reprenons comme exemples : le portrait de la colère par Sénèque, ou ceux de Néron, de l'avare, et tous les caractères de Labruyère. Nous aurons seulement à remplacer *chaque mot* par un autre de sens radicalement contraire. Après cette opération, nous posséderons une description inverse, qui sera la représentation d'une vertu particulière. En parlant des défauts extrêmes, nous arriverons ainsi à voir dans notre imagination les *beautés angéliques*. Si nous prenions les nuances intermédiaires, nous pourrions faire le tableau général du monde entier. Nous aurons comme moyen de contrôle les figures des grands hommes, celles des saints, des martyrs et surtout celle de Jésus.

L'Être parfait n'ayant produit aucune œuvre mauvaise ni inutile, à leur sortie de ce monde, les élus pourront espérer voir la réalisation complète de toutes ces perfections. Le Christ nous apprend qu'après la résurrection générale des corps, ils seront comme les anges et leur deviendront égaux (Saint Luc, ch. xx, vers. 36). Alors ils seront transformés véritablement en *l'image visible de l'Être divin qui les avait faits à sa ressemblance.*

EXEMPLE

PORTRAIT DE LA COLÈRE PAR SÉNÈQUE

De même que la folie a des signes certains :

Elle a le visage hardi et menaçant, le front triste, le regard farouche, la démarche précipitée, les mains convulsives, le teint changeant, la respiration fréquente et s'échappant avec violence, ainsi l'homme en colère présente des symptômes semblables. Ses yeux s'enflamment, étincellent, un rouge éclatant couvre son visage, le sang bouillonne dans son cœur, ses lèvres tremblent, ses dents se serrent, ses cheveux se dressent et se hérissent, sa respiration est gênée et bruyante, ses articulations craquent et se tordent; il gémit, il rugit; sa parole s'embarrasse de sons entre-coupés; ses mains s'entre-choquent fréquemment; ses pieds battent la terre. Tout son corps est agité, tous ses gestes sont des menaces. Tel est le portrait hideux et repoussant de celui que décompose et gonfle la colère.

IMAGE CONTRAIRE

Cette image est obtenue en prenant les expressions opposées à celles de Sénèque.

Elle a le visage doux et avenant, le front épanoui et sans nuages, le regard bienveillant, la démarche lente, les mains en repos, le teint invariablement serein, la respiration calme et régulière.

Son regard est doux, ses yeux baissés, une légère rougeur colore son visage, elle garde une main sur son cœur pour en comprimer les battements involontaires, elle entr'ouvre ses lèvres, desserre ses dents, règle sa respiration et la modère; tous ses mouvements sont réguliers et sans gêne. Elle n'articule aucune plainte, sa voix est sans éclat et sa parole sans embarras. Ses mains s'entrelacent lentement, ses pieds se fixent au sol. Tout son corps est en repos, tous ses gestes sont pacifiques et bienveillants.

PORTRAIT DE LA PATIENCE PAR TERTULLIEN

Ce portrait est un tableau fait directement par Tertullien.

Elle a le visage doux et pacifique, son front est pur et ne connaît ni les rides de la colère, ni les nuages de la tristesse; ses sourcils sont toujours épanouis; ses yeux baissés, non en signe de mécontentement, mais par modestie; le sceau du silence repose sur sa bouche. La couleur de son visage est celle de l'innocence et de la sécurité; elle agite souvent la tête pour chasser le démon et son rire est plein de menaces contre lui. D'ailleurs le vêtement qui couvre sa poitrine est d'une blancheur éclatante et si justement appliqué au corps qu'il n'est enflé, ni souillé. Elle est assise sur le trône de cet esprit de douceur et de mansuétude que nul tourbillon n'emporte, qu'aucun nuage n'obscurcit, mais qui, au contraire, se révèle dans sa tendre sérénité, toujours lumineux, toujours simple, tel enfin que le vit Élie pour la troisième fois. Car là où est Dieu se trouve aussi la patience, son élève.

§ III

Les Révélations divines. — Notre arrivée dans la Patrie des âmes.

Le fils de l'homme nous élève lui-même à la contemplation de l'avenir, en nous invitant à considérer notre vie matérielle ici-bas comme une préparation à une autre existence spirituelle sans fin (S. Jean, Ev., ch. iii, vers. 3, 6, 7), car Dieu, en qui nous devons vivre, est Esprit (S. Jean, ch. iv, vers. 24). Nous n'aurons qu'à transformer toute la nature physique et animale en images des choses spirituelles. Ainsi, par exemple, nous pourrons nous communiquer nos joies les plus intimes, comme nous goûtons les saveurs d'un même fruit, en le partageant. Mais ce sont surtout les événements passés et présents qui peuvent nous introduire dans ce domaine mystérieux. Prenons comme sujet d'étude le tableau de la naissance d'Ève.

Aux premiers jours du monde, elle a été créée dans une extase d'Adam, qui fut le plus parfait de tous les ravissements. Pendant son sommeil, il la vit tirée de sa propre substance, transformée par une main divine en la plus merveilleuse beauté. A son réveil, lorsqu'il put l'admirer telle qu'elle lui était apparue en songe, dans ses transports de joie, il s'écria : « *Tu es l'os de mes os, la chair de ma chair* ». Transformons ce tableau en une image spirituelle. N'est-ce pas, lors de notre dernier sommeil, que nos âmes doivent gagner la terre promise ? Là aussi, dans une vision, devra sortir de la blessure faite au cœur, la créature regrettée ici-bas ; nous la verrons formée de la propre substance de nos pensées, de nos désirs, de nos sentiments. A notre réveil, quel ne sera pas notre bonheur de la revoir unie à nous éternellement, par tous ces liens mystérieux et innombrables de l'âme. Nous pourrons lui dire avec plus d'amour : « *Tu es le rêve de mes rêves, la pensée de mes pensées, le cœur de mon cœur.* »

Toutes nos blessures morales seront semblablement changées en joies éternelles ! C'est la bonne nouvelle apportée du ciel par Jésus à tous ceux qui souffrent ; il leur annonce huit béatitudes éternelles. Par suite, en transformant le tableau terrible de la mort et de ses déchirements physiques et moraux, nous aurons la certitude de nous initier à la connaissance de joies inconnues. Ecoutons, à ce sujet, le Christ racontant la fin du pauvre Lazarre et du mauvais riche : « *Il « arriva que le mendiant mourut et fut porté par « les anges au sein d'Abraham : le riche mourut et « fut enseveli dans les enfers* » (S. Luc, Ev., ch. XVI, vers. 22). Tous les saints, tous les justes sont dans la même situation morale que Lazarre. Le juste doit s'en aller, comme il a toujours vécu, en paix avec lui-même. Pour lui, la mort se confond avec le sommeil. Son âme s'envole dans son dernier souffle, portée au paradis par les anges, aussi doucement que dans un songe. Il s'endort une dernière fois pour se réveiller à la vie éternelle. Dans un demi-sommeil, une pure lumière vient chasser les ténèbres : c'est l'heure des visions. Des ombres mystérieuses commencent à se montrer; encore enveloppées des voiles de l'aurore, aux nuances les plus variées, elles ressemblent à de brillants fantômes qui s'avancent et viennent se ranger autour de nous. A mesure que le jour se fait, leurs voiles tombent et nous découvrent les images mêmes de nos idées, de nos connaissances et de nos actions. Nous assistons *à la création d'un monde nouveau, celui de notre Esprit,* dont toutes les pensées deviennent visibles, à mesure que le divin Soleil se lève sur lui. Mais ce n'est plus un rêve : poussés par une brise embaumée, les vagues murmures des concerts angéliques nous annoncent notre arrivée dans la céleste patrie; les rayons de lumière rendent des sons comme s'ils étaient les cordes d'instruments invisibles; ils accompagnent des chœurs pleins d'harmonie, chantés par des êtres d'une beauté idéale, d'une grâce inconnue; ce sont les représentations vivantes de toutes les qualités, de toutes les vertus. Leurs chants expriment leurs plaisirs; leurs impressions sont renouvelées par les parfums qui nous arrivent; ils les communiquent ainsi à tous nos sens spiritualisés. Ici l'illusion redouble, ce qui se passe dans nos cœurs n'est que l'écho affaibli de ce concert divin, car toutes ces voix, ces figures ne font que *réveiller* les souvenirs de nos joies les plus pures, réaliser nos désirs, nos espérances, et *changer* toutes nos peines en béatitudes attendues. Nous assistons, pour ainsi dire, à la naissance de nos âmes! Enfin, la surprise dépasse toute imagination lorsque nous reconnaissons, parmi ces groupes aériens, nos parents, nos amis, qui nous appellent et nous tendent les bras, pour nous conduire à l'auteur de toutes ces merveilles, *à notre vrai Père.* Désormais unis à lui par toutes ces délices, nous en savourerons les douceurs ineffables, avec tous les élus et les anges nos frères.

Si nous passons maintenant des âmes des justes à celles qui se sont élevées par tous les degrés de la charité et de la reconnaissance jusqu'à l'amour parfait de Dieu, elles s'en iront de leur prison terrestre vers le ciel, comme celle de la vierge *Marie* par un dernier élan du cœur vers *son fils* qu'elle adore, et *qui l'attire par ses charmes infinis!* Ces âmes abandonneront leur enveloppe matérielle, comme une bonne impression nous quitte, comme une caresse qui finit, pour lui dire à revoir. Le dernier souffle de ces cœurs pleins d'amour céleste s'échappera de leur corps aussi doucement que le parfum des fleurs, de leurs corolles, pour aller aussi réjouir les bienheureux qui s'en approcheront!

APPENDICE

La prière en commun est un acte d'adoration, un témoignage de reconnaissance envers le dispensateur de tout bien. Tertullien fait, à ce sujet, l'observation suivante : « Toute la nature prie ; l'oiseau, à son réveil, « se dresse vers le ciel, au lieu de mains il étend ses « ailes en forme de croix et dit quelque chose qui res- « semble à une prière, etc... » C'est une image gracieuse des formes extérieures d'une adoration présentée par ces êtres ailés, qui ressemblent à des *messagers du ciel*. Nous pouvons faire ce rapprochement sans fantaisie, depuis la célèbre rencontre de Jésus avec saint Jean-Baptiste, qui a vu en réalité les cieux ouverts, le Saint-Esprit descendre *sous la figure d'une colombe* et se poser sur Jésus. (S. Marc, Ev., ch. I, vers. 10 ; S. Jean, Ev., ch. I, vers. 32 et 33.)

Mais, au-dessus du voile bleu [1] qui enveloppe la terre, d'autres scènes plus grandioses se passent dans

---

1. Qui a étendu les cieux comme une gaze très fine, et dilaté leurs flancs comme un pavillon (Isaïe, XL, 2).

le monde invisible. Tout ce que notre imagination peut rêver de plus merveilleux sera toujours au-dessous de la réalité. Notre foi seule nous permet de l'entrevoir en partie.

Pendant qu'au milieu des nuages d'encens et des flots d'harmonie, nos pensées, ne trouvant plus d'expressions à nos sentiments, s'exhalent en transports d'amour vers le Père infiniment bon, tous les purs esprits, réunis en neuf chœurs glorieux, célèbrent les bienfaits et les magnificences du Très-Haut. Près de chaque fidèle se tient son bon ange gardien, tandis que d'autres montent et descendent autour du trône de Dieu, figurant, à travers les splendeurs de l'immensité, les lignes, les groupes les plus variés, les plus gracieux en couleurs, en formes, en mouvements : ils portent nos hommages et nous rapportent les bénédictions désirées. Dans la patrie des âmes, où tout devient visible et sensible, ce spectacle, joint au concert général de toute la nature, sera une de ces surprises sans nombre réservées aux élus. Alors, *dans le silence des cieux*, ils pourront entendre s'élever vers le Créateur cet hymne d'adoration répété par les bienheureux, avec des nuances d'une douceur inconnue. A ce concert répondra une voix divine pleine de charmes infinis, renouvelés par tous les échos de l'univers !

CHAPITRE III

INITIATION A LA VIE DES PURS ESPRITS. — LES BÉATITUDES
CÉLESTES.

———

La bonne nouvelle.

La plus sûre manière de connaître l'avenir, n'est-ce
pas d'écouter la parole du Messie que Dieu a chargé
de nous annoncer la bonne nouvelle ? Nous n'avons
qu'à nous laisser diriger par lui, il va nous conduire
jusqu'au ciel, dans sa céleste demeure, et nous initier aux béatitudes réservées aux élus.

§ I

Heureux les cœurs purs, car ils verront Dieu !

L'âme, étant le lieu où se gravent toutes les pensées,

tous les sentiments propres à chaque individu, devrait aussi voir le ciel et participer, dans une certaine mesure, aux béatitudes des élus, puisque Dieu l'a faite à son image et à sa ressemblance.

Si nous pensions toujours bien et agissions de même, sous toutes ces influences, nos âmes ne seraient pas plus troublées qu'elles ne le sont au milieu d'un concert : dans ces conditions, elles pourraient être sensibles aux impressions venues du ciel, parce que celles-ci seraient en harmonie avec les nôtres. Sur la terre, il nous a été donné de connaître une créature aussi parfaite, c'est la vierge Marie. Mais qui s'est jamais trouvé dans un si grand état de pureté ? Avide de tout voir, de tout avoir, tourmenté par les désirs les plus divers, en proie aux agitations les plus désordonnées, notre cœur a-t-il un seul instant de calme, de repos ? Bouleversé sans cesse par de telles secousses, par de pareilles tempêtes, peut-il apprécier les impulsions les plus délicates ? Il devient donc insensible aux influences divines, car leurs impressions sont douces comme celles que produisent nos bonnes pensées ; elles sont de même nature. Un tel milieu, où règne un si grand chaos, peut-il permettre à la pure lumière du paradis de venir, même par moments, dessiner à sa surface les délicates images des beautés angéliques, et encore moins se laisser pénétrer par ses rayons destinés à répandre sur leur passage les sensations les plus fines, les plus douces qui soient au monde ? C'est pourquoi ni Dieu ni les Anges ne peuvent se manifester aux hommes et les faire participer aux béatitudes annoncées par Jésus. Le trouble de l'air nous empêche de voir le soleil ; de même le trouble du cœur nous masque le divin soleil des âmes. Ses rayons ne peuvent pas y pénétrer. Il ne peut venir y habiter, comme il l'a promis à ses fidèles amis. C'est ainsi que peut se comprendre sa parole :

Heureux les cœurs purs, car ils verront Dieu !

La pureté cherche à se prémunir contre toutes les causes d'agitation désordonnée, en évitant avec soin le contact de tout ce qui pourrait souiller le corps comme l'esprit ; elle craint jusqu'au souffle de sa bouche qui pourrait ternir son âme, en cherchant à noircir celle des autres : elle s'applique à réprimer les écarts de l'imagination. C'est ici le cas d'examiner le rôle puissant de cette folle du logis, qui ne peut se fixer sur aucun sujet déterminé de méditation, sans s'échapper de tous côtés vers une foule d'objets différents !

Les pensées, malgré leur mobilité, leur existence tout idéale, leur apparente innocence, voilée sous leur légèreté, sont les avant-coureurs des désirs et des passions : elles commencent à leur donner des formes, une figure faite à plaisir, obéissant à tous leurs caprices, au milieu de circonstances de fantaisie. Ainsi habituées à jouer en esprit avec elles, après avoir tout préparé pour bien les recevoir, comment pourraient-elles les repousser au moment où elles viennent en réalité se présenter toutes souriantes et pleines de séductions ? Les pensées sont donc les premières coupables, puisqu'en définitif elles dirigent nos actes et commandent à notre corps. La conclusion est bien évidente : c'est qu'il faut surveiller avec soin la direction qu'elles prennent, si nous ne voulons pas nous perdre à leur suite. Il est donc nécessaire de nous mettre en relation constante avec Dieu, afin de ne pas nous égarer.

Mais, si l'imagination exerce une telle action sur le corps, celui-ci à son tour n'est pas sans influence sur l'esprit. Ainsi, il est certain que les excès de la vie matérielle nous animent d'un surcroît de force brutale, qui, ne pouvant être dépensé utilement, sollicite nos sens et provoque nos pensées à mal l'employer, tandis que la sage modération en toutes choses empêche ces excès de se produire, et conserve les forces avec cette mesure qui engendre seulement des dispositions à la bienveillance, à l'amitié. Il résulte de cette étude qu'il faut choisir avec autant de soin la nourriture du corps que celle de l'esprit.

Celui qui s'entretient de la parole sacrée prépare ses sens à obtenir cet état de pureté qui lui permet de voir notre Père céleste, d'abord *par l'esprit,* en vivant de ses propres pensées à notre égard, puis ensuite *par le cœur,* en agissant comme lui, en cherchant à l'imiter dans ses actes. Dieu révèle sa présence dans nos propres âmes et se montre de la façon la plus merveilleuse à ceux qui lui obéissent. En effet, lorsque nous l'écoutons, comme le meilleur des pères, ne doit-il pas nous faire sentir ses propres satisfactions ? Mais, remarquons-le bien, elles doivent être surnaturelles, puisqu'elles sont toutes divines : elles nous arrivent comme un trait de lumière pour éclairer tout à coup notre esprit, et lui dévoiler la présence réelle de notre Père céleste, qui commence à se faire connaître à nous par toutes ses grâces, ses bontés. C'est ainsi qu'un cœur pur voit déjà apparaître l'image du Créateur, comme le Christ nous l'apprend : *Si quelqu'un m'aime, il gardera ma parole, nous viendrons à lui, et nous ferons en lui notre demeure.* (S. Jean, Ev., ch. xiv, vers. 23.) Ceux-là verront donc Dieu, puisqu'il viendra habiter dans leur cœur !

§ II

Bienheureux ceux qui pleurent, parce qu'ils seront consolés !

Les plaisirs, ne se font, en réalité, bien sentir que par contraste avec les sensations inverses. Ainsi, on apprécie surtout le charme du beau temps après le mauvais, et l'on ne goûte bien les avantages de la bonne santé qu'après avoir été malade. Il en est de même pour toutes les satisfactions : elles naissent en général d'un besoin, d'un désir qui nous tourmente.

Chaque douleur, comme chaque souffrance, est représentée dans nos cœurs par certains mouvements :

les impressions de joie, de satisfaction ressenties par celui qui en est délivré, sont naturellement constituées, au point de vue mécanique, par des *mouvements inverses*, puisqu'ils annulent les premiers. Ils les détruisent, non pas pour un instant, par des émotions plus puissantes qui viennent occuper notre imagination ; elles ne pourraient, dans ces conditions, produire qu'une simple distraction, elles les font disparaître complètement, ce qui est bien le cachet de la similitude absolue des mouvements contraires. Ainsi s'expliquent mécaniquement les effets de contraste. Par ce procédé, nous démontrons l'existence de sensations opposées aux souffrances, et le moyen mécanique de les produire. Ce sont ces dernières impressions qui rempliront de joies éternelles tous les cœurs charitables ; car, partageant les peines, les souffrances avec le patient, ne faisant qu'un avec lui, ils doivent naturellement participer aux satisfactions résultant de leurs soins, de leurs secours.

Mais à qui seraient réservées les consolations divines, parmi ceux qui en sont dignes, si ce n'est aux créatures qui ne les ont jamais connues sur la terre ? Ces dernières devraient donc supporter avec patience les douleurs passagères, puisque la justice, la bonté et la parole du Très-Haut leur assurent cette compensation immense dans l'autre monde. Quelle plus grande consolation un homme peut-il recevoir que cette promesse d'un tel bonheur, car, dans le ciel, il n'aura plus la crainte de le voir finir !

Dans cet ordre d'idées, l'homme devrait aussi bénir

toutes les souffrances, car rien n'arrive sans dessein arrêté de la part de Celui qui gouverne le monde jusque dans ses plus petits détails. Comme il est non seulement juste, mais infiniment bon, il tiendra certainement compte de toutes nos douleurs.

Par suite, il faut conclure que, s'il nous les envoie, c'est sans doute pour avoir un motif de nous pardonner un jour. D'un autre côté, comme il est impossible de croire à l'injustice d'un être parfait, à ceux qui pourraient se plaindre de l'inégale répartition des joies et des peines, ne montre-t-il pas de la manière la plus claire que tout n'est pas fini ici-bas, et qu'il leur réserve précisément des satisfactions éternelles? Sans oser pénétrer les secrets de sa justice, ne nous convient-il pas plutôt d'admirer la sagesse de son plan divin? En effet, n'a-t-il pas voulu engager les plus privilégiés à secourir les autres, à les consoler le mieux possible, comme de véritables frères; nous prouver par là que nous sommes tous ses enfants; fournir à tous des titres égaux à sa bienveillance, et nous préparer à une union générale et éternelle entre nous et lui, comme avec notre vrai Père. Sans doute, il n'a pas besoin d'appeler comme ses coopérateurs, les hommes, les élus et les anges, mais, en agissant de la sorte, ne crée-t-il pas les liens mêmes de l'amour, qui doivent nous attacher les uns aux autres dans la céleste patrie, et nous préparer une plus grande somme de satisfactions? Par là, il nous associe également à son pouvoir vraiment divin de changer les peines en joies, il augmente notre amour pour lui. Il nous a si bien assigné ce rôle de consolateur, qu'il nous avertit par la bouche même de Jésus que si nous ne voulons pas remplir cette tâche si douce, c'est lui-même qui s'en acquittera. Alors on comprend toute la grandeur de cette promesse : *Bienheureux ceux qui pleurent, parce qu'ils seront consolés.*

Examinons la nature de ces consolations.

Par exemple, quel bonheur plus grand peut être promis à ceux qui pleurent la mort d'un être chéri, si ce n'est la satisfaction de le revoir pour toujours? Le cri de la pécheresse Marie-Madeleine le fait déjà pressentir, près du tombeau de Jésus : *là elle* entend la voix de Celui même qu'elle a vu mourir pour elle et pour tous, de Celui qu'elle adorait dans le fond de son cœur. Au moment où elle reconnaît les accents de cette bouche divine l'appelant par son propre nom : Marie! quel tressaillement, quel cri de joie a dû y répondre !

Que d'impressions contenues dans ce seul mot de réponse : Maître! Il devait renfermer son âme tout entière, prête à s'échapper de son corps vers son Sauveur, s'il ne l'avait arrêtée dans son élan, en lui disant : « Ne me touchez pas ». Par suite, si rien sur la terre ne peut nous consoler de la perte irréparable des êtres enlevés à notre amour, nous pouvons espérer les revoir toujous au ciel, suivant la parole de Jésus, qui est venu nous apporter cette bonne nouvelle de la part de notre Père céleste.

Mais quel bonheur n'est pas réservé à ceux qui, gémissant sur les maladies particulières et générales de

l'humanité, déploient tous leurs efforts pour les guérir, et souffrent avec les autres, par les autres et pour
les autres! Toutes ces souffrances, en passant dans
leur cœur, occasionnent certains mouvements de douleur, des déchirements. Or, nous savons que les mouvements opposés existent et qu'ils doivent produire
des effets inverses. De tels hommes préparent donc
leur âme à recevoir les impressions les plus délicieuses. Dieu les leur fait déjà pressentir ici-bas, lorsqu'ils
partagent le bonheur intime de ceux à qui ils font du
bien.

Nous avons déjà établi la comparaison des sensations de joie avec les impressions harmonieuses de la
musique. Dans le ciel, nous ressentirons donc les effets
de leurs combinaisons opérées par le Créateur lui-
même, bien mieux encore que nous ne goûtons ici-
bas les charmes des œuvres les plus célèbres.
Toutes ces harmonies serviront à peindre nos sentiments. *Mais quelle comparaison peut-on établir
entre leurs chefs-d'œuvre et ceux du divin Maître!*
Toutes nos satisfactions intimes peuvent se manifester extérieurement de mille manières. Ces mêmes manifestations extérieures auront la propriété de renouveler indéfiniment nos plaisirs!

§ III

Heureux les pauvres en esprit, le royaume des cieux est à eux.

Ces pauvres sont ceux qui reconnaissent leur situation réelle en ce monde, où nous n'avons rien par nous-mêmes à notre origine, où tout bien est donné par Dieu, dans un but déterminé. Ils voient, dans les dons faits à l'humanité, des présents d'un Père céleste, dont ils se regardent comme les enfants par l'esprit et le cœur : dès lors, ils cherchent à l'imiter en distribuant aussi leur fortune, et toutes leurs richesses intellectuelles et morales à ceux qui les entourent : ils n'en désirent pas d'autres : ils savent qu'en divisant ses dons le Créateur avait le dessein de créer plus de relations, de liens fraternels entre nous, et qu'enfin il faudra les laisser sur la terre. En agissant de la sorte, ils se placent dans les conditions mêmes d'un bon fils vis-à-vis de son père : or, ce dernier cherche à le récompenser en lui montrant toute son affection par les témoignages les plus variés. Mais quelles satisfactions ne peut-il pas rêver en pensant que son Père céleste est Dieu lui-même, pouvant tout réaliser, au-delà de ses désirs ! Il lui communiquera donc toutes ses joies. Nous nous proposons d'en examiner ici la nature particulière et les effets.

Celui qui se dépouille volontairement pour les autres donne lieu à un double phénomène : d'abord, son action touche le cœur du prochain, dont il fait résonner toutes les fibres sensibles ; ensuite, le partage de ses biens exige toujours, de sa part, un effort qui le contrarie. C'est cette impression pénible que le Créateur doit transformer un jour en une satisfaction sans borne et sans fin. En attendant, le sacrifice de celui qui donne est de suite diminué par le contentement de remplir le plus grand devoir de sa vie, devoir imposé par un Père infiniment bon : en même temps, une autre sensation de joie vient encore lui faire oublier cette perte volontaire, *car le plaisir toujours nouveau de celui qui reçoit* se communique naturellement à son bienfaiteur. Nous touchons donc Dieu doublement, d'abord dans notre âme, puis dans celle d'autrui. (S. Matthieu, Evang., ch. xxv, vers. 35 à 36.) De cette manière, il nous fait sentir ses propres impressions, en nous associant à ce bonheur divin de faire des heureux ! Il en résulte des sensations agréables, qui font battre nos cœurs à l'unisson ; elles se marient ensemble pour produire des effets harmonieux, qui persistent après notre action acccomplie ; ils seront désormais conservés pour toujours par notre Père éternel comme des trésors d'amour. Il en répandra tous les charmes à notre gré, dans la céleste Patrie, si nous en demeurons toujours dignes.

§ IV

*Bienheureux les miséricordieux, parce qu'ils
obtiendront miséricorde.*

Jésus insiste encore sur cette promesse, en nous
disant pour nous engager à pardonner : « *J'aime mieux
la Miséricorde que le sacrifice, car je ne suis pas
venu appeler les justes, mais les pécheurs.* » (S. Matthieu, ch. ix, vers. 13.) Il en a donné une preuve bien
éclatante en témoignant sa préférence à une pécheresse
repentie, Marie-Madeleine ; c'est à elle qu'il a
daigné se montrer d'abord, le jour de sa résurrection ;
c'est à elle encore qu'il a adressé, ce même jour, sa
première parole, et cette parole était son nom même
pour la réjouir jusqu'au plus profond de son cœur.

L'homme a compris ce grand sentiment du pardon,
en lui donnant son plus beau nom : *la magnanimité.*
En effet, c'est plus que la charité, car celle-ci consiste
à nous séparer de choses matérielles, ne tenant pas
directement à nos personnes ; c'est plus qu'un acte de
dévouement pour sauver les autres ; c'est encore plus
que le sacrifice de notre santé, de nos pensées, de
nous-mêmes pour les êtres aimés, car, en ces circons-

tances, nous obéissons à un sentiment naturel de compassion mis dans nos cœurs par Dieu, le jour où il les a formés d'un rayon de son amour. Mais, si nous éteignons en nous la colère et les passions violentes qui nous crient sans cesse : « *Justice! vengeance!* » nous combattons un défaut originel de notre nature, nous luttons contre un instinct qui nous pousse dans la voie inverse. Dans le premier cas, nos efforts sont moins grands, puisque nous suivons seulement une impulsion donnée. En pardonnant, nous prenons dans la partie la plus sensible de nous-mêmes *(le cœur)*, le sentiment auquel il tient le plus, pour en faire le sacrifice. C'est donc une action d'un ordre plus élevé que les précédentes. Celles-ci nous étaient inspirées par des sentiments naturels, tandis que les autres sont accomplies en luttant contre notre nature et pour l'amour de Dieu.

En vertu des lois du contraste, la miséricorde doit produire sur nous des effets inverses à ceux de la colère. Nous allons chercher à les représenter par des images sensibles.

Si, décidés à ne pas répondre aux attaques de nos adversaires, nous observons d'abord le silence, leurs pensées loin de s'envenimer dans une atmosphère irritante, se dissiperont peu à peu, faute d'aliments pour les entretenir. Cette sérénité d'une âme se communiquera à une autre. Si nous sommes animés d'une ardente charité, nous regarderons la colère comme une maladie susceptible de s'éterniser dans des âmes immortelles. Alors notre main et notre voix, au lieu de voler en éclats à la face de notre ennemi, chercheront, au contraire, à le calmer, puis à l'attirer doucement près de nous, comme un enfant égaré par la souffrance. Toutes les mauvaises dispositions qui le possédaient auparavant, après un court moment d'arrêt, rebrousseront aussitôt chemin. Ces mouvements opposés, une fois nés, engendreront des effets inverses aux premiers ; ils donneront donc le jour à des joies inconnues, à des satisfactions intimes, que notre adversaire va goûter et nous faire partager. C'est le beau temps dans l'âme après l'orage ; c'est d'abord le calme qui succède au trouble de l'esprit, à une agitation fiévreuse ; puis c'est un doux abandon et la confiance qui suivent pour faire place à tous les sentiments de la reconnaissance. Ensuite, sous l'influence de la générosité et de la magnanimité de celui qui sait si bien pardonner, naissent tour à tour l'estime, la sympathie, l'amitié : en faisant passer deux cœurs par les plus délicieuses impressions à travers des routes très différentes, elles les élèvent, par un dernier élan, vers Celui qui les inspire, jusqu'à l'Etre suprême. Ces sentiments ne montrent-ils pas vraiment leur vertu divine, en rendant la vie et le bonheur à nos âmes, en les retirant du feu dévorant de la vengeance, qui commençait déjà à les torturer pour l'éternité. C'est ainsi que nous avons ramené à notre Père céleste un de ses enfants, après l'avoir guéri d'une maladie *tout à fait infernale!* Quelle ne sera pas la joie d'un Père infiniment bon ! (S. Luc, Ev., ch. xv, vers. 7, 20.) Ne sommes-nous pas sûrs d'avance qu'il nous la fera partager auprès de lui! Nous nous conformons à la loi de l'amour parfait qui doit nous unir dans le ciel, lorsque nous nous trouverons pour toujours en face les uns des autres : nous créons en quelque sorte, avec l'aide de Dieu, *un lien éternellement agréable entre nous !*

§ V

Bienheureux ceux qui sont doux, parcequ'ils possèderont la terre.

Comme nous l'avons déjà fait observer bien souvent, c'est par le contraste que nous pouvons surtout apprécier les joies et les peines; mais les premières, nous étant réservées au ciel, nous demeurent presque totalement inconnues ici-bas. C'est donc en analysant la nature intime de tous les genres de souffrances déjà éprouvées, que nous pourrons arriver à nous représenter toutes les sensations contraires. Par ce moyen, nous pourrons donc pénétrer dans le domaine mystérieux des élus au paradis.

Si nous analysons les conséquences de cette maxime souvent citée, « autant d'hommes, autant de jugements différents, » quelle infinité de causes de froissement, d'irritation, ne devons-nous pas rencontrer seulement dans l'échange de nos pensées, de nos désirs, de nos sentiments? Ces peines morales pastent par trois degrés bien caractérisés : ils augmensent en intensité, suivant que nos pensées intimes, nos désirs, ou nos sentiments, entrent en jeu. Leur discussion engendre *l'aigreur, la colère, la haine.*

Mais, si nos intérêts personnels sont engagés, leur débat allume l'envie et toutes les jalousies.

Enfin, si nous laissons libre cours à nos passions, nous voyons se produire tous les vices, toutes les violences.

Toutes ces causes de trouble, de froissement, d'agitation intérieure se présentent journellement pour chacun de nous, dans le cours des événements de la vie : elles amènent des luttes intimes ou extérieures, qui sont l'origine d'autant de douleurs morales différentes ; les sensations inverses existent, elles constitueront donc autant de satisfactions variées. A qui peuvent-elles être réservées si ce n'est à l'homme doux, comme prix de ses victoires remportées sur les mauvais instincts qui le poussent à se mettre en opposition constante envers son semblable? Sa vie est un exercice continuel d'efforts, de combats, contre lui-même. Dans le ciel, il jouira donc des charmes résultant d'impressions opposées. De même que la musique nous initie à la connaissance des accords ; de même les rapports harmonieux des âmes entre elles, nous feront connaître d'autres accords parfaits, qui sont encore un mystère ici-bas !

§ VI

Bienheureux les pacifiques, parce qu'ils seront appelés enfants de Dieu.

L'homme pacifique lutte non-seulement contre lui-même, mais, poussé par des sentiments d'un ordre plus élevé, il intervient auprès des autres pour faire cesser leurs disputes, leurs guerres intestines, qui entraînent après elles autant de souffrances variées. En rapprochant ses semblables, il les guérit de peines morales d'une durée peut-être infinie ! Il prépare donc son âme à jouir sans cesse de satisfactions aussi variées, dont on peut se faire une idée par opposition, suivant notre procédé habituel.

L'homme pacifique guérit donc non-seulement lui-même, mais aussi ses semblables de maladies susceptibles de s'éterniser, puisqu'elles prennent racine dans l'âme. Il acquiert ainsi une béatitude plus grande que la précédente. Il est bien appelé enfant de Dieu, puisqu'il sauve ses frères de maladies infernales, et les ramène auprès de leur Père céleste !

§ VII

*Bienheureux ceux qui ont faim et soif de la justice,
parce qu'ils seront rassasiés.*

Nous savons qu'il existe un autre monde, où Dieu doit réparer tout le mal commis ici-bas par les hommes, et rétablir l'équilibre entre les heureux et les infortunés de la terre. Nous goûterons alors les joies inénarrables de ces malheureux, comme nous compatissions à leurs peines sur la terre. Nous pourrons contempler toutes les beautés mystérieuses des secrètes et grandes actions ; nous assisterons aux scènes les plus ravissantes de reconnaissance, d'attendrissement et d'amour entre Dieu et les créatures ; nous nous réjouirons des récompenses magnifiques accordées aux bienfaiteurs de l'humanité, car ils sauront encore nous faire participer à leur bonheur, comme ils le savaient déjà sur ce globe. Tous les effets devenant plus sensibles par le contraste, nous verrons, comme un mauvais rêve, les punitions des méchants chassés loin de nous, dans les ténèbres extérieures.

Ce grand spectacle de la punition des malfaiteurs et des satisfactions accordées à leurs victimes est donc réservé dans la céleste patrie à tous ceux qui auront souffert sur la terre de la malice et des injustices de leurs semblables. Alors bienheureux ceux qui auront faim et soif de la justice, et, parmi eux, les âmes charitables, qui auront gémi avec les autres en s'efforçant de les consoler, de les soutenir !

§ VIII

Bienheureux ceux qui souffrent persécution pour la justice, parce que le royaume des cieux est à eux.

Se guérir de ses défauts est un acte méritoire ; mais guérir les autres de leurs maladies physiques et morales est un acte qui nous élève au dessus de nous-mêmes.

Supporter le mal que nous font les autres, leur pardonner et leur faire du bien, exige un effort encore plus grand de notre part ; mais *se substituer aux autres* pour souffrir à leur place, *donner sa vie* pour les préserver de tout danger, est l'acte le plus sublime [1]. C'est celui qui nous rapproche le plus de Jé-

---

1. Tel on voit un homme plein de cœur courir au-devant d'un animal dangereux pour le détourner, ou se placer devant les autres

sus mourant sur la croix pour nous sauver tous. C'est donc en suivant ce dernier exemple que nous pouvons acquérir un jour, pour l'éternité, *la plus grande somme de bonheur.*

§ IX

Observation générale.

On peut comparer les impressions des béatitudes à celles des sept notes de la musique. Avec ces simples éléments, les artistes ont produit ces chefs-d'œuvre qui nous ravissent. Quelles surprises inimaginables ne devons-nous pas rêver au ciel, à l'audition des concerts angéliques! Ils seront composés de tous ces sentiments intimes de béatitude, combinés dans une suprême harmonie par le seul divin Maître.

pour les préserver d'un coup fatal; tel on peut, sur une plus grande échelle, imaginer Jésus se présentant au bras vengeur de Dieu prêt à frapper les coupables.

TROISIÈME PARTIE

SYNTHÈSE DE LA VIE

TITRE I

CHAPITRE UNIQUE

§ I

La vie éternelle.

L'esprit humain vit dans le passé par l'histoire, dans le présent par ses connaissances et dans l'avenir par l'inconnu, les prévisions. Son domaine particulier est la science, c'est-à-dire l'abstraction.

Le cœur vit dans le passé par ses souvenirs, dans le présent par ses plaisirs, dans l'avenir par ses espérances. Les charmes de l'amour sont les fleurs de cet Eden, entrevu dans nos rêves de bonheur.

La mémoire rend le passé *présent*. En le renouvelant, ne nous en assure-t-elle pas la permanence et la conservation dans *l'avenir?* C'est, du reste, un principe immatériel, de même nature que la pensée, car il la rappelle. Il doit donc subsister comme la vérité, dont il est le gardien éternel. *C'est le lien mécanique qui unit, d'une manière indissoluble, le présent au passé et à l'avenir.*

L'esprit et le cœur sont deux foyers qui répandent la lumière et la joie dans notre âme ; ce sont les deux époux qui doivent vivre l'un par l'autre de vérité et d'amour : *comme les vérités ne passent pas, elles constituent les liens spirituels qui attachent toujours nos âmes au passé, au présent et à l'avenir, et qui leur assurent une vie sans fin, en les alimentant sans cesse.*

La répétition de nos actes fournit un moyen de constater expérimentalement dans nos cœurs l'alliance du présent avec le passé et l'avenir. En effet, en renouvelant une bonne action, l'homme ressent des impressions en harmonie avec celles qui sommeillent, mais qui vivent en lui, comme les images de ses connaissances subsistent dans son esprit. Pour les comparer, il est nécessaire que les premières soient toujours représentées en nous. De cette manière, nous en vérifions l'existence en assistant, pour ainsi dire, à *un réveil de nos propres sentiments.* C'est un plaisir pareil à celui de revoir des êtres aimés, des beautés toujours fraîches. Ces effets multiples, personnels et généraux affermissent en nous l'espérance de posséder un jour une source inaltérable de satisfactions ; car elles viennent du fond de l'âme, qui vit du souffle éternel de Dieu. Déjà ici-bas, nous pouvons les renouveler à volonté ; dans le ciel, la mémoire les conservera éternellement. C'est la parole du Christ représentée par cette image de la fontaine rejaillissant sans cesse et sans fin. Sous l'influence de toutes ces sensations, nous commençons à renaître *une seconde fois* par l'esprit. C'est ainsi qu'en voyant notre corps vieillir et tomber en ruines, nous avons la consolation de sentir, au contraire, notre cœur rajeunir, grandir et s'élever à la vie immortelle.

Dans ce monde, nous ne sommes pas seuls : nos bonnes actions font disparaître la solitude du cœur, comme nos travaux intellectuels enrichissent notre esprit d'une foule de connaissances utiles et agréables. Le plus souvent nos bienfaits font battre harmonieusement le cœur de tous ceux qui les reçoivent; ils éveillent des accords dans ceux qui les approuvent, et donnent naissance à ce mystérieux concert des âmes, dont les charmes sont si sensibles, malgré leur silence extérieur. Nous commençons ainsi notre ascension vers le Ciel, accompagnés des échos de tous nos sentiments de joie que répètent les êtres reconnaissants de notre charité, et leurs témoins de la terre et du Paradis.

Nous allons essayer de représenter cette liaison du passé au présent et à l'avenir, par des figures sensibles déjà connues, que nous rappelons ici.

En général, nos pensées peuvent être considérées comme une série d'images en mouvement. Invisibles sur ce globe à nos yeux matériels, elles ne font que passer devant notre esprit comme des ombres légères, se donnant la main. Toutefois, nous savons déjà que les tableaux des bonnes actions sont destinés à briller éternellement. Ici-bas, ils se présentent à notre mémoire, seulement lorsque la lumière céleste les éclaire, mais ils disparaissent aussitôt qu'elle cesse de les illuminer : alors l'oubli arrive, et nos bons souvenirs sommeillent jusqu'à son retour. Chacun d'eux n'est-il pas effectivement une réapparition d'images aimées suivies des satisfactions recherchées? Elles viennent doucement réveiller notre cœur, bercé par les rêves délicieux du passé : elles se lèvent, resplendissantes de beauté, dans un jour d'une pureté idéale, et passent comme un météore dans le ciel de nos âmes. A notre sortie de ce monde, elles prendront des figures vivantes et deviendront des satellites de nos âmes, qui les éclaireront comme de vrais soleils. L'amour est un de leurs rayons; il dissipe aussi, par moments, les nuages de la vie qui nous voilent le ciel entrevu un jour de bonheur, ces nuages qui nous cachent le paradis, les élus, les anges et notre Père céleste.

Cette représentation de l'âme humaine, puisée dans des analogies avec la nature physique, n'a-t-elle pas l'avantage de nous montrer toute la création dans une harmonie et une unité parfaites? Laissons-nous guider par ces analogies. Le milieu éthéré sert naturellement de support à nos âmes qui sont d'essence divine : par suite, en s'échappant du corps, elles remontent vers les cieux, comme un rayon du soleil des soleils; à mesure qu'elles s'approchent de

sa source resplendissante, toutes leurs merveilles intérieures viennent au jour : ce sont les tableaux de
leur vie, de leurs pensées et de leurs actions, qui
volent en éclats lumineux, pour aller prendre leur
place sur la scène du monde. Voilà le spectacle qu'elles doivent présenter aux Bienheureux. En arrivant
dans la patrie des purs Esprits, elles entendront les
neuf chœurs glorieux, elles verront *les cieux ouverts,
et les anges de Dieu monter et descendre sur le fils
de l'homme* (S. Jean, Ev., ch. 1, vers. 51), au milieu
des Elus parés de toutes les beautés, remplis de toutes
les grâces réunies en Dieu. Ainsi une seule de ces dernières suffirait pour entretenir l'existence d'images et de
charmes semblables dans tous les êtres, et les rayons
qui les propagent, en partant de ce foyer divin et
unique, engendreraient également sur leur passage
toutes les sensations les plus agréables, etc. Ce serait
là un lien général destiné à unir spirituellement tous
les enfants du Père céleste *en une seule âme, suivant
la parole de Jésus.* (S. Jean, Ev., ch. xvii, vers. 23.)

§ II

La mort éternelle.

Toutes les images du mal, non effacées par le pardon, continueront de poursuivre au delà de ce monde le coupable endurci. Leur sombre cortège passera et tournera toujours devant ses yeux, pour lui rappeler ses fautes. Elles étendront tout autour de lui ces tristes et lugubres voiles, qui l'empêcheront justement de voir Dieu. En pénétrant dans cette lourde atmosphère, les rayons brûlants de tous les soleils réunis y développeront une chaleur infernale, ils y déchaîneront les plus violentes tempêtes, déjà préparées dans le cœur du damné par ses débordements, ses passions et ses forfaits. Ces orages retentiront avec des fracas épouvantables jusque dans l'intime de son âme terrifiée, pendant des nuits interminables, éternelles ! Ils foudroieront, à chaque instant, le criminel, sans jamais l'anéantir; car il ne saurait y avoir de grâce pour le scélérat sans pitié. Poursuivi sans relâche par les éclats redoublés du tonnerre vengeur, il roulera de précipices en précipices dans des abîmes insondables, sans jamais pouvoir s'arrêter. A la lueur d'éclairs incessants, il verra les images de toutes ses fautes, ainsi que celles de ses horribles projets, prendre les figures les plus hideuses, vomir sur lui la haine et le feu qui les dévorent, et se précipiter à sa rencontre comme autant de démons furieux pour faire passer jusque dans le fond de son cœur le mal qui les torture. Semblable à un cauchemar sans fin, ce supplice, toujours renouvelé et précédé de toutes les angoisses des condamnés à mort, deviendra une implacable réalité dans les enfers !

TITRE II

LIAISONS DU PASSÉ A L'AVENIR

CHAPITRE I

LE MARIAGE.

D'après nos relations terrestres, nous pouvons nous élever à la connaissance des relations célestes. Dans l'avenir, nous pouvons donc voir le mariage indissoluble des âmes produire des résultats faciles à prévoir, au point de vue spirituel. Cette union, constituée par un échange des mêmes pensées, un partage complet des mêmes sentiments, des mêmes joies, en engendrera la reproduction totale et perpétuelle à ces deux foyers de l'amour : *l'esprit et le cœur*, placés dans la même demeure céleste !

La pensée est comme le souffle de l'esprit : en passant à travers les fibres invisibles du cœur, elle les agitera, pour produire les effets les plus variés. Leurs vibrations donneront naissance à des sons harmonieux pour l'oreille intérieure, à des parfums, à des saveurs pour les sens spiritualisés, et à des joies intimes pour les âmes, *où tout vient se réunir pour y célébrer leurs fiançailles.* Mais ce n'est que l'embryon de leur communion mystérieuse. Les pensées viendront se présenter à nos yeux comme des images réelles [1]. En se renouvelant par le souvenir, elles prendront consistance et se revêtiront d'un corps vivant, dans nos cœurs, qui les animeront de leurs propres qualités et de tous leurs charmes. Alors elles apparaîtront à tous resplendissantes au jour de la lumière céleste. C'est ainsi que peut s'opérer en nous la génération des beautés, des harmonies, et des joies sans fin. Mais ces pensées, ces sentiments, ces qualités, ces charmes sont *véritablement les portraits intimes de nos individualités.* Chacune de nos personnes vivra donc complètement dans l'autre, chacune sentira l'autre rayonner dans son intérieur, et la reproduira à ces deux foyers de l'amour enflammés par un souffle divin. Nous y reconnaîtrons la pensée de nos pensées, l'esprit de notre esprit, la cœur de notre cœur. C'est ainsi qu'en ce monde notre bon ange et tous les purs esprits nous inspirent les bonnes pensées, les bonnes dispositions. C'est ainsi que le Père éternel engendre le Fils *unique,* qui est son image parfaite.

Nous verrons alors sortir de nos cœurs et s'élever

---

1. Nous avons déjà vu comment nos pensées, nos sentiments pouvaient être représentés par une série de tableaux se succédant les uns aux autres. Ce sont ces tableaux que nous pouvons leur substituer, en imaginant qu'ils deviennent visibles dans ce milieu éthéré.

dans les espaces, rayonnant de grâces, les êtres issus de ces échanges de pensées et de sentiments partagés. Nous pourrons les contempler dans une pure lumière, s'élançant tour à tour de notre sein pour venir s'y replonger, pleins de reconnaissance et d'amour !

Sous les mêmes cieux, nous serons illuminés par cette lumière surnaturelle, qui perce tous les voiles et rapproche tous les horizons, en étendant ses clartés vers le passé et l'avenir comme sur le présent. Désormais unis à notre Créateur par son souffle divin qui répand la vie avec tous ses charmes, nous en ressentirons les délices sans fin. Alors transportés d'admiration, nos cœurs s'exhaleront dans un chant suprême d'amour, pour lui redire toutes nos joies, tout notre bonheur !

CHAPITRE II

En plongeant dans l'immensité des espaces, nous
apercevons des astres innombrables destinés à montrer la puissance et la majesté du Créateur. On peut
faire des observations analogues dans le domaine spirituel. Ainsi, en cédant au souffle qui les inspire, nos
pensées voient s'ouvrir des horizons toujours nouveaux
destinés à les élever au faîte des grandeurs intellectuelles, pour les associer à la gloire de l'Etre suprême. De
même dans le monde moral, en suivant nos bons instincts, nous découvrons dans les cœurs quantité de
charmes inconnus, destinés à les conduire jusqu'à la
source merveilleuse de toutes les délices, dans le sein
même de leur divin Auteur. Mais notre imagination
aura beau s'élever de conceptions en conceptions, jamais elle ne pourra pénétrer l'énigme des sentiments
d'un Dieu : ils sont comme des liens mystérieux, *en
nombre infini,* unissant le Père au Fils, et le Fils au
monde régénéré par lui. Voulant ne faire qu'un avec
son Fils unique, le Père lui a tout remis, tout donné

par amour; réciproquement, le Fils rend tout à son Père par un sacrifice continuel, offert pour sauver le monde entier; il rend ainsi au Père tous ses enfants devenus dignes de lui. Déjà, par ses œuvres, le Christ mérite sa gloire (S. Luc, Evang., ch. xxiv, vers. 26). Agrandissons le cercle étroit qui retient nos pensées sur la terre. Voyons Jésus existant de toute éternité : à différentes époques, il est déjà venu pour converser avec les enfants des hommes ; il en a fait ses délices, il ne saurait les abandonner : son cœur n'est pas sujet aux variations humaines, il ne peut changer. Aussi, à chaque instant, il redescend dans le pain et le vin consacrés, pour nous ramener au Père, en nous unissant à lui.

Celui qui fait la volonté de Dieu est *son frère, sa sœur, sa mère* (S. Matthieu, Evang., ch. xii, vers. 47, 48, 49, 50). Voilà sa mystérieuse et divine génération. Il a pour nous tous les sentiments d'un frère, d'une sœur, d'une mère ; il veut ne faire qu'un avec nous, comme avec sa mère la vierge Marie, comme avec Dieu son Père. Il nous annonce ainsi *les effets de son incarnation, renouvelée par la communion* incessamment et partout; jusqu'à ce que, devenus ses propres membres, nous ne fassions plus qu'un avec lui, par lui et en lui ! Ainsi, la vierge Marie, qui avait conçu la sagesse dans son cœur, a enfanté naturellement le Verbe divin ! A l'exemple d'Origène, faut-il contempler dans les régions célestes un autel supérieur, où la victime continuera de s'immoler tant qu'il y aura des péchés? « Ici-bas, dit-il, Jésus a répandu pour les

« hommes la matière corporelle de son sang : dans le
« ciel et par le ministère des prêtres, il immole la force
« vitale de son corps comme une sorte de sacrifice spi-
« rituel ». Quoiqu'il en soit de cette hypothèse, nous
pouvons glorifier à jamais, comme saint Jean dans
l'Apocalypse (ch. v, vers. 6), *l'Agneau de Dieu toujours égorgé et toujours vivant au milieu du trône
du Très-Haut;* mais nous ne pourrons jamais nous
imaginer toute l'étendue et la grandeur morale
de son sacrifice destiné à purifier l'univers entier
pour l'unir à lui!

*Au ciel, nous assisterons à cette messe grandiose,
qui se chante dans l'immensité des espaces, à la
lumière de tous les soleils, pour célébrer les fiançailles
merveilleuses des âmes avec leur divin Epoux.*

*Ici-bas, nous ne pouvons qu'entrevoir les effets de
cette union mystérieuse. Comme une fiancée tressaille
de joie à l'approche de son bien-aimé, de même toute
créature chrétienne sera transportée de joie en voyant
venir à elle, du haut des cieux, au milieu des anges,
Celui qui a donné sa vie pour la sauver, Celui qu'elle
adore déjà dans sa prière et du fond de son cœur.
L'âme en extase pourra enfin contempler son divin Epoux, admirer sa ravissante beauté, goûter
ses charmes infinis, et se plonger dans les pures et
ineffables délices de l'amour éternel!*

TITRE III

CHAPITRE UNIQUE

LES SCIENCES.

Toutes les sciences humaines tiennent au passé et à l'avenir. Toutes les connaissances de nos devanciers sont les différents degrés de cette échelle immense qui élève les esprits de la terre au ciel !

Nous avons vu que toutes les vérités sont liées entre elles. Par suite, en cherchant leurs rapports, nous pourrons pénétrer toujours plus avant dans le domaine de l'inconnu et de l'avenir. A l'âge de raison, nous trouvons un certain nombre d'axiomes que Dieu fait briller dans notre esprit comme des lumières, des vérités éternelles. Ensuite, notre éducation nous met en possession de connaissances, de figures simples, qui se fixent dans notre mémoire. C'est autour d'elles que viennent se grouper toutes celles qui ont des rapports communs. *Elles se rapprochent les unes des autres, comme les membres d'une même famille, pour constituer des associations variées.* Ces associations forment de nouveaux tableaux qui deviennent nos pensées, nos idées. Pendant nos rêves, elles viennent pêle-mêle se présenter à nous, et donnent lieu souvent à des arrangements, des scènes impossibles. Leur apparition est provoquée par l'intensité des impressions premières et renouvelées qu'elles ont déjà laissées en nous dans le courant de la vie. Ce mode de reproduction est une première cause de désordre dans les tableaux auxquels elles donnent naissance, et il faut ajouter que plusieurs d'entre elles passent inaperçues dans nos souvenirs, à notre réveil, faute d'intensité. Lorsque nous avons cessé de dormir, nous pouvons les examiner, rejeter toutes celles qui sont sans lien entre elles, ou chercher à les renouer.

Pendant la journée, sans que nous puissions nous en apercevoir [1], le même phénomène se reproduit dans notre esprit; mais comme notre jugement intervient de suite, il accepte seulement les associations qui lui semblent possibles. *C'est toujours une image primitive qui sert de point de départ à nos pensées, et qui les lie entre elles. Ces liens proviennent de quelques rapports communs, de quelques points particuliers qui les rapprochent.* Tous ceux qui s'occupent de littérature connaissent ce genre de recherches, imposées par la liaison indispensable des idées. En associant

---

1. La preuve, c'est que nous ne sommes pas maîtres de diriger nos pensées d'une manière continue sur un même sujet; à chaque instant elles s'en échappent, comme d'une prison, pour aller se distraire de tous côtés.

entre eux, de toutes les manières possibles, les millions de mots connus, on obtient forcément, dans le nombre immense de ces combinaisons, toutes les pensées qui représentent nos connaissances actuelles *et celles de l'avenir*.

Dans ce travail, il se produit un fait remarquable : c'est que l'ordre dans lequel les figures simples se présentent à notre esprit paraît souvent indépendant de notre volonté, comme pendant notre sommeil. Les impressions qui dépendent de notre conduite et des événements jouent un rôle important; mais, en dehors de ces périodes d'agitation, dans les moments de calme, nos pensées sont dirigées de manière à entrevoir l'inconnu, sans que nous puissions nous expliquer cette inspiration, cette opération intime de la vision intellectuelle. Ecoutons, à ce sujet, les grands maîtres de l'antiquité : Socrate avait deviné la présence d'un bon génie qui l'inspirait ; Platon avait imaginé que nos idées étaient des souvenirs du ciel, où nos âmes se trouvaient avant de venir sur la terre; aujourd'hui, nous pouvons croire à la présence continuelle de notre bon ange gardien, qui nous suit partout, et nous parle le langage des purs Esprits. Jésus nous dit à ce sujet : *L'esprit souffle où il veut, on entend sa voix, mais on ne sait d'où il vient, ni où il va* (S. Jean, Ev., ch. III, vers. 8). Nous savons qu'un voile épais nous cache l'origine première du monde; il en est de même pour l'esprit et le cœur : la genèse des idées, des sentiments et de la vie demeure un mystère impénétrable ici-bas. Seulement, comme le précepteur qui nous instruit, le Saint-Esprit, nous montre des images successives qui forment nos pensées, il nous découvre ainsi l'utile et l'agréable. Sur la terre, il est impossible de sentir son souffle : il est immatériel comme les idées qu'il engendre. De cette manière peuvent se produire, *sans difficultés, toutes les révélations, toutes les prophéties* (S. Jean, Ev., ch. xvi, vers. 12, 13, 14, 15). L'Ecriture-Sainte nous apprend encore que l'Esprit nous parle quelquefois en songe ; il communique alors, en outre, à nos âmes, des impressions divines, qui les préparent à reconnaître sa voix céleste : *Voilà donc la source première des découvertes.*

Dans les sciences mathématiques, rien n'est plus évident que l'existence de *ce grand principe de réduction à l'unité,* qui ressort des paroles mêmes de Jésus. En effet, nous tirons toutes les propriétés des *figures et des nombres* de quelques axiomes primitifs. Nous voyons la voûte céleste parsemée d'étoiles, de lueurs brillantes ; semblablement, les axiomes ne sont-ils pas des lumières intellectuelles, des vérités éternelles qui brillent, elles aussi, dans nos esprits pour les diriger dans leurs recherches ? ces axiomes sont destinés à relier par des *liens indissolubles* toutes les connaissances exactes, à les rattacher à eux : ce sont les flambeaux immortels qui devraient guider nos intelligences, pour les élever jusqu'à la source de toute lumière. *Ils doivent être les caractères destinés à exprimer toute vérité !*

Dans les sciences physiques, l'expérience nous a

déjà montré la transformation, les unes dans les autres, et d'une manière équivalente, de *toutes les forces puisées aux sources les plus différentes :* de telle sorte qu'une *seule* d'entre elles peut donner naissance à toutes les autres. La seule et première d'entre elles *rentre ainsi dans l'unité créatrice.* La loi de l'amour parfait, de la charité nous avait déjà appris le dogme de *la réversibilité,* c'est-à-dire la transformation de toutes nos bonnes actions en un résultat équivalent, pour nous et pour les autres.

Ce grand principe de *l'unité* est universel ; il doit présider à l'harmonie générale des mouvements, dans toutes les associations *de la matière* et des *âmes.* Il nous permet de prévoir que les mêmes lois régissent les trajectoires des corps célestes, comme des plus petites particules. Quels changements pourraient y apporter les dimensions des systèmes, qui doivent surtout briller par leurs proportions? En conséquence, nous pourrions donc déjà voir dans le ciel *une image des phénomènes de la physique et de la chimie, à une échelle immense!* Le temps seul les différencierait, ainsi que l'indique la loi qui régit le cours des astres. Ce qui exige des années en astronomie pour se produire, s'effectue en un instant excessivement court, dans le monde des atomes. Grâce à cette lumière, nous pouvons donc pénétrer dans l'infiniment petit, comme dans l'infiniment grand, et fixer nos idées sur les formes extérieures possibles des systèmes invisibles; sur la stabilité des systèmes astronomiques, comparés aux trois états des corps solides, liquides ou gazeux, et réciproquement sur la constitution des corps solides, comme sur le mode de génération des combinaisons chimiques et sur leur durée, en les comparant à l'introduction des comètes dans notre système planétaire.

Mais c'est surtout dans les familles, les sociétés et les nations que ce grand principe de l'unité trouve son application. Ainsi, nous voyons les mêmes sentiments partagés produire les unions et constituer solidement la famille et les forces d'un peuple. Nous voyons les mêmes aspirations, les mêmes besoins, donner naissance aux différentes associations, aux sociétés qui reconnaissent toutes la nécessité d'un même code, pour les consolider et les protéger contre la destruction, etc. C'est sur ces bases que doivent reposer les sciences morales et politiques.

Enfin, toutes les propriétés des nombres, des figures géométriques et toutes les sciences possibles doivent trouver leur application dans l'étude des œuvres de la création ; car ces œuvres font partie d'un plan divin, *qui doit tout comprendre*. Les sciences peuvent donc servir à représenter les différentes relations qui existent entre les éléments du plan divin, qui doit briller par l'harmonie et l'exactitude. Réciproquement, l'étude des œuvres de la création doit conduire aux propiétés des nombres et des figures, et aux vérités philosophiques.

CONCLUSION GÉNÉRALE

La connaissance de la loi unique et de ses dérivées nous a permis de pénétrer, autant qu'il est possible ici-bas, dans le domaine mystérieux de l'inconnu, en reliant les choses de l'esprit à celles de la nature physique, au moyen d'images semblables. Cès dernières sont, en quelque sorte, la manifestation extérieure, visible ou tangible des premières. Ainsi, en vertu de ces liens d'harmonie universelle, le calme majestueux qui règne dans l'immensité des espaces représente *la paix des âmes ;* les parfums de la terre sont un avant-goût de *l'ambroisie céleste ;* les mélodies, *les murmures de la langue universelle des sentiments ;* les beautés physiques, *les images extérieures des qualités,* et ce monde, *la figure d'un autre tout spirituel.*

Après avoir reconnu et verifié la loi unique, c'est principalement sur les conséquences pratiques que nous devons arrêter notre attention. La durée dè notre séjour sur la terre n'est qu'un intervalle à travers la succession infinie des temps, qui s'ouvre devant nous. Dans sa bonté inépuisable, le Créateur l'a jugé suffisant pour nous préparer à une existence sans fin, dans laquelle nous devons jouir d'un bon-

heur proportionné à nos mérites acquis par l'obéis-
sance aux lois divines et humaines. Si nous avons
réussi à le prouver, nous aurons atteint le résultat le
plus important ici-bas : c'est de nous engager à devenir des hommes de *devoir, dans toutes les positions de la vie.*

Appelés que nous sommes à vivre auprès de Dieu,
nos plus chères espérances, nos plus grands intérêts
ne doivent pas être placés ici-bas. Prenant tant de
peines pour nous assurer sur la terre un sort si
précaire, si court, si incertain, nous serions in-
sensés de ne pas songer à notre destinée après la
mort, et de ne pas bien préparer, par l'observation de
la loi, *notre véritable avenir,* qui est certain, éternel,
à la sortie de ce monde !

L'Etre suprême a réglé, sans aucun doute, les
événements de manière à nous amener à lui. Nous
n'avons donc pas à redouter la mort, *puisqu'elle
arrive à une heure choisie pour notre plus grand
intérêt.* C'est pourquoi, lorsque nous accomplissons
un devoir, nous n'avons à craindre aucun de ces
malheurs imprévus suspendus sur nos têtes. Celui
qui peut tout saura bien nous préserver, dans ces circonstances, des millions de dangers inconnus qui me-
nacent nos corps comme nos âmes. Quelle difficulté
pour Celui qui a tout prévu de nous conserver sains et
saufs jusqu'à l'heure voulue, au milieu de tous les
fléaux, comme au milieu des balles sur le champ de
bataille ? Il nous recommande lui-même de ne nous
laisser aller à aucune de ces défaillances, quand il s'a-

git d'obéir aux lois divines ou humaines; car la mort survenue dans ces conjonctures est un titre à sa miséricorde dans l'éternité. Si nous sommes parvenus à inspirer cette confiance aux âmes, elle les soutiendra dans les moments les plus difficiles, et la force d'un tel principe les rendra *sans peur et sans reproche!*

APPENDICE

APPLICATIONS DES VÉRITÉS RÉVÉLÉES AUX RECHERCHES SCIENTIFIQUES

PRÉLIMINAIRES

Les vérités révélées ont, pour l'homme croyant, le même degré de certitude que les axiomes admis dans les sciences. Par suite, les notions données par l'Ecriture, sur le monde physique et intellectuel, pourront, encore mieux que des hypothèses, servir de base à ses recherches sur ces mêmes sujets. Les résultats auxquels il parviendra auront des conséquences multiples : après avoir vérifié l'exactitude de ces résultats, il aura la satisfaction d'y trouver une confirmation de la vérité des Ecritures saintes ; d'en fournir aux incrédules une démonstration scientifique, et d'ouvrir une voie nouvelle et assurée aux investigations dans le domaine de l'inconnu et de la vérité !

APPLICATIONS AUX SCIENCES

§ I

Mesure du temps, unité de longueur.

Les propriétés des nombres et des figures dérivent des *axiomes*. Ces axiomes sont des vérités éternelles que Dieu fait briller dans tous les esprits. En raison des lois d'harmonie et d'unité qui doivent présider à son œuvre entière, qui est la création de l'univers, nous devons découvrir, dans les phénomènes du ciel et de la nature, *une représentation matérielle et visible* de ces mêmes propriétés abstraites, ainsi que l'Ecriture-Sainte l'apprend : *Vous avez fait toutes choses avec poids, nombre et mesure* (Sagesse, ch. vii, vers. 21).

Nous ne saurions mieux faire que de nous laisser guider par les enseignements divins, pour nous diriger dans cette voie. Si les paroles de la Bible et de l'Ecriture-Sainte sont les expressions de la vérité, elles doivent subir ici une épreuve *décisive* pour tous les savants, car elles se trouvent en présence de lois *ma-thématiques indiscutables*. Elles doivent non-seulement se trouver conformes à ces lois, mais elles en doivent encore préparer la découverte !

Prenons quelques exemples relatifs à la mesure du temps : *Vous avez fait la Lune pour marquer les temps, vous avez appris au Soleil l'heure de son coucher* (Psaume de David, CIII, vers. 19).

La Lune est, dans toutes ses phases, la marque des temps et le signe des changements de l'année. C'est elle qui donne le signal des jours de fête : elle donne aux mois leurs noms (Eccl., XLIII, 2).

Ils ne brilleront pas comme le Soleil, ils ne luiront pas comme la Lune, ils ne marqueront point dans le Ciel, les temps et les saisons (Baruch, VI, 64).

Que des corps lumineux apparaissent dans le ciel, qu'ils divisent le jour de la nuit, qu'ils marquent les saisons, les jours et les années (Genèse, ch. I, vers. 14).

Dieu bénit le septième jour et le sanctifia, parce qu'il avait cessé, en ce jour, l'œuvre de la création (Genèse, ch. II, vers. 3).

Parmi les trois corps célestes qui composent le groupe du Soleil, de la Terre et de la Lune, la durée de la rotation de la Lune est la seule qui ait une commune mesure avec celle de sa translation, et ce rapport est *précisément l'unité*. Ces deux propriétés caractéristiques ne sont-elles pas des indices suffisants pour la choisir comme unité de mesure pour le temps? Cette propriété a été encore observée pour les quatre

satellites de Jupiter et le cinquième de Saturne (les autres pas encore observés).

D'un autre côté, la Lune, avec ses figures variées,
ses phases, ne nous présente-t-elle pas dans les espaces une véritable *horloge céleste?*

En outre, nous remarquons encore un autre grand
phénomène général, qui correspond exactement au
passage de la Lune au méridien [1] : ce sont les marées
qui peuvent être considérées comme une autre *horloge terrestre,* qui est complètement d'accord avec
la première; elle se divise en deux périodes égales.

Recherchons le phénomène céleste qui doit marquer une division dans la lunaison. Nous le retrou-
vons encore dans l'observation des marées. On a
constaté partout que la plus grande marée ne correspond pas au premier passage de la Lune au méridien
le jour de la syzygie, mais au troisième passage, c'est-
à-dire environ trente-six heures après. En ce moment,
la Lune a parcouru un arc d'une certaine longueur
sur son orbite; cherchons son rapport à celui de la
circonférence entière; prenons les temps de révolution de la lune et de rotation de la terre comme termes de comparaison.

Le temps de la révolution synodique d'une pleine
lune à une autre pleine lune est de

29 jours 12 heures 44 minutes 3 secondes.

---

1. On observe encore cette même division du temps sur le corps
humain : chez les femmes à leurs époques, les pulsations artérielles,
la respiration chez tous les êtres.

\- 241 -

Pendant ce temps, la terre fait un tour de moins, en prenant la Lune au lieu du Soleil, comme terme de comparaison pour les passages au méridien. Soit donc, en conservant le jour solaire :

28,5 jours $+$ 24 h. 44' 3'' $-$ (1 jour lunaire), si l'on observe que le jour lunaire dépasse le jour solaire de 45', au Périgée, nous aurons donc avec une grande approximation : 57 demi-tours de la terre par rapport à la lune pendant la lunaison apparente.

La première grande marée ayant lieu au troisième demi-tour de la terre, à son troisième passage au méridien lunaire, le rapport de l'arc lunaire parcouru à la circonférence sera donc très voisin de

$$\frac{3}{57} = \frac{1}{19}$$

Si nous cherchons à combien de degrés cet arc cor-corespond, nous trouvons à 0,02 près

$$\frac{1}{19} \times 360° = 19°, \qquad 19 \times 19 = (360 + 1)$$

résultat excessivement curieux, si nous divisons l'arc trouvé en dix-neuf parties égales, ces parties sont des degrés. C'est donc la nature elle-même qui nous a appris à diviser une circonférence en 360°. On le prouve rigoureusement, en rétablissant les quantités négligées, savoir : 6' sur le chiffre 57, et 2',5 sur le chiffre 3 pour la date moyenne de la grande marée. Ces calculs s'appliquent rigoureusement aux aires décrites par la lune. On a : (voir page 279)

$$360 = (18,974)^2 = \left(\frac{57 - 6'}{3 + 2',5}\right)^2 = \left(\frac{56,9920}{3,0036}\right)^2$$

Cette division du cercle en 360° est indiquée d'une manière plus simple par la nature (voir page 275).

Les Israélites se servent, depuis le ive siècle, pour fixer leurs fêtes et cérémonies religieuses, d'un calendrier basé sur le cours de la lune, *qui est un des plus ingénieux et des plus élégants, d'après le bureau des Longitudes*. Ils prennent des mois lunaires de 29 ou 30 jours, et l'année qui se compose tantôt de 12 ou 13 mois, arrive, *au bout de 19 ans*, à commencer à la même époque de l'année solaire. On perfectionnerait ce calendrier en prenant pour base *le jour lunaire* moyen de 24 h. 50' au lieu de 24 h. 50',5, car *2 lunaisons* égalent *57 jours lunaires* moins 13'. En se servant d'un cadran de 12 heures lunaires moyennes, il y aurait coïncidence avec les heures solaires *aux nouvelles et pleines lunes,* et les autres jours à $\dfrac{n}{6}$ h. près, n étant le numéro du jour de la semaine, en retranchant successivement 1 heure *lunaire* aux 6 premiers jours des semaines lunaires, et *rien le dimanche, ni les jours de grande fête!* On aurait ainsi *4 dimanches par mois et 6 jours de grande fête par année commune!*

Si nous prenons la longueur de l'arc parcouru par la lune dans son orbite pendant cet intervalle correspondant à la plus grande marée, nous aurons au périgée

$$\frac{1}{18,974} \times 2\,\pi \times 56,964 \times r = 3 \times 2\,\pi\, r$$

r étant le rayon de la terre. Si donc nous divisons cet

arc en trois parties, chacune correspondra à un demi-tour de la terre, par rapport à la lune. On arrive à ce résultat curieux : *pendant un demi-tour de la terre par rapport à la lune, la lune décrit, dans l'espace, une longueur qui est précisément égale à la longueur de la circonférence de la terre développée.* Donc, en prenant cette circonférence pour unité de longueur, *l'unité de temps* correspondra à *un demi-tour* de la terre. La nature nous indique elle-même cette numération, car *dans une seconde,* le tour de la terre est parcouru *une fois* par les courants électriques, et son quart de tour qui correspond à 3 h. est parcouru 3×10 fois, par la lumière, qui mettrait

$$\frac{8',86}{60}$$ pour décrire l'orbite elliptique de la lune.

§ II

Influence de la lune sur l'état général de l'atmosphère, sur les changements de temps de longue durée.

La Lune est dans toutes ses phases la marque des temps et le signe des changements de l'année. (Eccl., XLIII, 6).

Nous allons rechercher quel rôle cet astre est susceptible de jouer dans les changements de temps.

Jusqu'à ces derniers temps, la question des influences de la Lune sur l'atmosphère terrestre semblait pouvoir être négligée. Laplace avait calculé que l'attraction de notre satellite sur les couches d'air pouvait faire varier la pression barométrique de $0^{mm},015$. Cependant un observateur connu, M. Flaugergues, à Viviers (Ardèche), avait conclu d'observations faites pendant vingt ans, de 1808 à 1828, que la hauteur moyenne du baromètre variait avec l'âge de la Lune. Les observations de midi ont été seules comparées, afin que la position du Soleil fût toujours la même. D'après lui, la hauteur décroît de la nouvelle lune au deuxième octant; puis augmente jusqu'au deuxième quartier. L'amplitude est de $\dfrac{7}{5} \times 0^{m},001$.

La distance de l'astre semble aussi agir; car le jour du périgée, la hauteur est de $754^{mm},75$ et le jour de l'apogée de $755,73$ (Daguin, *Traité de physique,* tome I, page 372). Il faut remarquer que M. Flaugergues n'a pas tenu compte des variations introduites par les changements de températures, de saisons et de vents et que l'heure de midi ne convient pas, car alors le soleil a dissipé les vapeurs, sur lesquelles la lune doit agir surtout en raison de leur cohésion, plus que sur les autres gaz. Malgré ces imperfections, on voit que les influences de la lune sont déjà beaucoup plus fortes que celles résultant des calculs de Laplace. Mais voici qu'en se plaçant dans les conditions d'observation recommandées par l'illustre astronome, un de nos ingénieurs hydrographes très connu [1] vient

1. Comptes rendus de l'Académie des sciences (30 juin 1879).

de trouver des résultats bien autrement importants. Il a dépouillé cinquante mille observations faites à Brest. Là, la température de mer est peu variable, et on y reçoit, presque toute l'année, des brises venant du large. Par ce choix, il élimine, autant que possible, les influences dues aux changements de température et de pression des vents secs ou humides. En représentant par 40 la variation annuelle de la pression, M. Bouquet de la Grye constate une variation de 25 avec les différents âges de la Lune. Il observe une influence semblable dans la direction des vents; ainsi, tandis que l'amplitude annuelle solaire de la déviation est de 90°, l'amplitude de la déviation mensuelle, provenant de l'âge de la Lune, atteint 68°. En présence de la grandeur de ces résultats, il y a nécessité d'étudier de nouveau les causes des influences de la lune sur notre atmosphère [1].

Or, le fait principal observé par M. Bouquet de la

1. M. Bouquet de la Grye vient de reprendre cette question, en s'appuyant cette fois sur cinquante-huit mille hauteurs barométriques, observées à Hobarton. L'analogie de forme et de grandeur entre les deux courbes, obtenues par des méthodes différentes, pour deux points situés presque aux antipodes l'un de l'autre, montre la généralité du fait des influences de la lune sur notre atmosphère et y ajoute une confirmation remarquable. Des observations faites aux Parcs de Monsouris et des Princes sur les variations de la température avec l'âge de la Lune conduisent à la même conclusion. La pleine lune est froide en avril et mai, et chaude en octobre et novembre : le froid vient avec le maximum des déclinaisons australes lunaires, le chaud avec le maximum des déclinaisons boréales. (Henri de PARVILLE, *Journal officiel* du 20 avril 1881.)

Grye est un *minimum de pression de huit jours de durée vers la pleine lune,* et deux maxima qui durent peu ; l'un suit le dernier quartier, l'autre précède le premier ; et le premier surpasse le second de $0^m,006$. Nous avons vu que la faiblesse de l'attraction newtonienne ne nous permet pas d'expliquer ces faits : il est nécessaire de chercher une autre cause.

Au moment de la pleine lune, il se présente un phénomène physique qui attire notre attention : c'est l'illumination de notre satellite, qui nous renvoie les rayons solaires non absorbés ; leur chaleur est à peine appréciable avec les instruments les plus délicats, et leur action chimique très faible, comme l'indiquent les images photographiques de cet astre. Cependant on peut remarquer que la Lune, n'ayant pas d'atmosphère sensible, doit contenir à sa surface, comme notre globe, des corps avides de vapeur d'eau ou d'oxygène. Cette affinité, n'étant pas satisfaite, doit se transmettre par les rayons solaires réfléchis (*contenant des vibrations particulières non consommées, mais orientées*) aux vapeurs de la terre. La Lune, peu éloignée de la Terre relativement, pourrait la nuit surtout, en l'absence du soleil, exercer ainsi une *action chimique* attractive et sélective, plus grande que l'attraction newtonienne sur les couches de vapeur d'eau. Leurs particules ont entre elles une certaine cohésion, qui rend du reste une action quelconque de la lune bien plus sensible que sur l'oxygène de l'air, se mouvant en tout sens, et comparable aux causes de variations des vents.

Notre satellite tendrait alors à entraîner les vapeurs

terrestres et à leur faire décrire sur notre globe une courbe qui serait l'intersection de l'orbite lunaire avec la sphère terrestre. Cette courbe différerait très peu de la section faite sur cette sphère par le plan de l'écliptique. De la sorte, si la lune rayonnait comme le soleil, elle produirait, dans l'espace d'un mois, des changements atmosphériques comparables à ceux des différentes saisons, en remarquant toutefois que l'action du satellite est presque nulle à l'époque de la nouvelle lune, et que les déclinaisons de la pleine lune étant australes en été et boréales en hiver, son action devra être beaucoup plus forte en hiver qu'en été dans notre hémisphère.

S'il en est ainsi, l'action de notre satellite devrait être maximum vers la pleine lune, comme celle du soleil à l'apogée, en raison de l'obliquité plus faible des rayons, de l'étendue plus grande de la surface rayonnante, et de l'énergie plus forte des radiations orientées et réfléchies perpendiculairement à la surface d'émission. Nous allons en tirer les conséquences.

1° On s'explique alors facilement pourquoi la pression est *minimum pendant huit jours vers la pleine lune,* par suite de cette attraction maximum;

2° A mesure que la lune se rapproche du second quartier, son action attractive diminuant avec la surface d'illumination et en raison de la diffusion des rayons qui ne sont plus réfléchis normalement à la surface d'émission, la pression doit augmenter sur ces régions; d'un autre côté, les vapeurs d'eau situées au nord de la section faite par le plan de l'écliptique sur la terre étant moins attirées vers l'équateur s'écouleront plus abondamment vers les pôles qui sont d'immenses condenseurs ; par ce fait, la pression tendra, au contraire, à diminuer parce que les vapeurs partant du sud plus chaudes sont plus légères que l'air qu'elles remplacent, et ensuite parce que l'atmosphère se dépouillant de vapeurs perd de son poids. Il y aura donc lutte entre ces deux effets opposés. On voit que le dernier doit finir par être prépondérant à cause de l'écoulement de plus en plus abondant des vapeurs vers les pôles. Par suite, le maximum de pression doit peu durer ; ce qui est conforme à l'observation ;

3º Après la nouvelle lune, son action sur les vapeurs augmente progressivement pour les retenir à l'équateur, parce que l'obliquité de ses rayons diminue peu à peu et que la surface rayonnante augmente. Les vapeurs, plus froides et par suite plus lourdes, étant rappelées du nord et suivies de courants d'air froid allant vers les régions équatoriales, un peu avant le premier quartier, la pression augmentera par l'augmentation du poids des vapeurs et de l'air froid pour diminuer ensuite par les raisons indiquées ci-dessus, parce que l'attraction du satellite devient prédominante aux approches de la pleine lune, en diminuant le poids de la masse des vapeurs, qu'elle attire ;

4º Le maximum de pression du second quartier est plus fort, parce qu'au premier quartier la lune rapproche, rappelle les vapeurs du Nord vers l'équateur. La pression doit donc augmenter par suite de l'augmentation du poids des vapeurs rappelées du nord au sud ; mais alors la lune agit aussi en sens contraire en attirant à elle ces vapeurs dont elle diminue le poids. On voit donc pourquoi le maximum de pression du premier quartier est plus faible ;

5° Les vents le plus *nord* se font sentir *quatre jours* après la nouvelle lune, et les vents le plus *sud* deux jours après le premier quartier. *A la nouvelle lune,* le soleil seul agit, alors les vapeurs *s'élevant* se déversent vers les pôles *par la partie supérieure,* et appellent, *en bas, les vents du nord.* Avant le premier quartier, la lune agit, alors rappelant les vapeurs vers l'équateur elle change le sens des courants, mais comme elle tend à les *immobiliser vers la pleine lune,* c'est donc un peu après le milieu de ces deux âges extrêmes, *deux jours après le premier quartier,* que les vents le *plus sud doivent souffler en bas.*

6° Le fait le plus saillant signalé par M. Bouquet de la Grye est la constatation des mois critiques (janvier, mars, octobre), qui ont de forts minima de pression, tandis que février a un maximum inattendu. D'avril en octobre, on a une uniformité générale de pression. Remarquons qu'à mesure que le soleil descend dans l'écliptique de l'apogée au périgée, le centre de gravité de la masse des vapeurs se rapproche de l'équateur et passe au-dessous. En été, l'action de la pleine lune, est presque normale aux directions de la pesanteur vers le milieu de notre hémisphère, parce que ses déclinaisons sont australes et très obliques : elle doit donc faire très peu varier la pression. C'est l'inverse en hiver, les déclinaisons étant boréales doivent produire le minimum de pression observé en janvier. Dans l'époque intermédiaire, en octobre et en mars, les vapeurs prenant plus de cohésion au-dessus de l'équateur, s'échappent en plus grande abondance vers les pôles de froid, qui sont les hautes montagnes et les contrées hyperboréennes ; l'attraction de la lune sur ces vapeurs fait tomber les pressions. Après les pluies d'octobre, les vapeurs étant descendues au-dessous de l'équateur, on a *l'été de la Saint-Martin.* *En février,* l'équilibre général de l'atmosphère, rompu entre les deux hémisphères, par suite des pluies et neiges tombées, tend à se rétablir, mais la masse des vapeurs étant tout-à-fait au-dessous de l'équateur, les dernières couches périphériques sont également au-dessous de cette ligne ; c'est donc l'air dépouillé de vapeur qui tend à remplacer les vides faits dans notre hémisphère par les condensations de janvier : cet air sec que la lune attire très peu étant alors plus dense *augmente* naturellement la pression.

On explique ainsi les jours froids d'avril et de mai : La pleine lune dont les déclinaisons sont australes attirant les vapeurs au sud appelle les vents du nord. On explique de même les jours chauds d'octobre et de novembre, parce que la lune dont les déclinaisons sont boréales, tend à ramener les courants de vapeurs et d'air chaud du sud dans notre hémisphère. *Donc nous voyons que toutes les observations confirment l'action de la pleine lune sur l'atmosphère.*

En résumé, la lune, en se mouvant dans un plan

voisin de l'équateur terrestre, là où se forment les vapeurs, sous l'action des rayons solaires, les retient à leur source et modère leur écoulement rapide vers les condenseurs naturels, qui sont les hautes montagnes et les pôles de la terre : elle joue le rôle d'un modérateur, d'un régulateur. Les vapeurs, appelées énergiquemênt vers leurs condenseurs, entraînent l'air à leur suite. Par leurs condensations plus ou moins rapides, on explique les vents, les tempêtes et le bruit du tonnerre.

La place du centre de gravité de la masse des vapeurs varie avec les déclinaisons solaires ; mais la pleine lune entrainant les vapeurs en sens contraire de l'été à l'hiver, produit les vents du Nord, quand elle descend dans son orbite du N. au S., et les vents du Sud, quand elle remonte du S. au N. Le vent N. annonce le froid, le vent S. la chaleur. Le temps probable de la lunaison est annoncé par le temps observé le 4ᵉ et le 9ᵉ jour de la lune, où les vents N. et S. dominant tour à tour créent des changements extrêmes : le temps moyen est donc celui du 6ᵉ jour (2ᵉ moitié).

En définitif, sans l'action de la lune, l'écoulement trop rapide de grandes masses de vapeurs vers les pôles et leur brusque condensation donneraient lieu à d'épouvantables tempêtes. Ainsi, la lune joue bien un rôle très important dans le plan de la Providence ; elle permet de compter le temps en *marquant régulièrement, d'une manière singulière et frappante,* les jours de repos et de grandes fêtes, elle régularise les mouvements généraux de l'atmosphère, etc.

§ III

Prédiction des changements de temps.

Le soir, vous dites : « Il fera beau, car le ciel est rosé (rubicundus), et, le matin : Il y aura mauvais temps, car le ciel est rutilant sombre (rutilat triste) (S. Matthieu, ch. XVI, vers. 2 et 3).

Quand vous voyez une nuée qui se lève à l'occident, vous dites aussitôt : « Il va pleuvoir », et cela arrive ainsi, et, quand vous voyez souffler le vent du midi, vous dites : « Il fera chaud », et il en est ainsi (S. Luc, ch. XII, vers. 54 et 55).

Voilà ce que nous apprennent les Evangiles. Consultons maintenant les expériences des physiciens modernes ; elles nous donnent les résultats suivants :

Quand le soleil se couche dans un ciel légèrement pourpré, l'air étant bleu au zénith, on peut compter sur le beau temps. Après la pluie, la présence de légers nuages roses participant à cette couleur pourprée confirme ce pronostic. (Daguin, Traité de physique, tome IV.)

Des nuages rouges avec des teintes grises annoncent la pluie prochaine, la coloration étant due

*à la présence de gouttelettes qui annoncent que l'air
est saturé* (Daguin). — M. Forbes a fait traverser
par des rayons de lumière blanche des globes de verre
qui renfermaient de la vapeur d'eau, dont il changeait
la température de manière à obtenir un brouillard
plus ou moins épais ; il a constaté qu'à la sortie des
plus épais ces rayons étaient devenus de couleur
rouge sombre (*rutilat triste*). Cette couleur est celle
du soleil vu à travers un verre enfumé.

*Quand le soleil se lève avec une teinte rouge, il
y a probabilité de pluie. Si le ciel présente une teinte
rose ou grisâtre, on peut compter sur le beau temps*
(Daguin).

Quand le soleil paraît diffus, et d'un blanc éclatant avant de se coucher, le temps est à l'orage
(Daguin).

Mais les expériences de la physique nous permettent d'aller plus loin, de confirmer ces résultats de
l'observation, et de trouver la liaison des phénomènes
de la couleur avec les quantités de vapeur d'eau répandues dans l'atmosphère.

Voici le fait d'expériences qui nous permettent de
faire une analyse plus intime de ce phénomène :

Tous les corps formés de particules très fines, lorsqu'ils sont à l'état de dissolution dans un liquide, ou
de vapeur dans l'air, *sont de couleur bleu céleste,*
(Tyndall). Le professeur Tyndall explique de cette
manière la couleur bleue de l'atmosphère : la petitesse des particules de l'air fait que les ondes *lumineuses les plus courtes* sont seules réfléchies, les au-

tres ondes passent sans altération sensible. Comme la réflexion polarise ces ondes, elle leur donne, par ce fait, un parallélisme qui augmente leur intensité par rapport aux autres ondes, l'air paraît bleu par suite de la réflexion des ondes bleues. Cette théorie est vérifiée par ce fait que l'atmosphère enlève, dans le spectre des rayons directs du soleil, toute la partie ultra violette. Cette partie ultra-violette peut être aperçue en analysant la lumière électrique de certains corps.

On explique bien ainsi l'apparence bleue du ciel. Si cette théorie est vraie, la couleur du soleil doit tirer sur le jaune, car le complément du bleu est le jaune. C'est bien la couleur sous laquelle le soleil se montre à nous dans la journée. Mais il faut remarquer que, outre l'air pur, il y a de la vapeur d'eau ; elle présente bien aussi la couleur bleue par réflexion lorsqu'elle est loin de son point de saturation ; mais, le soir ou le matin, lorsqu'elle est en abondance, ses particules approchant de l'état de condensation grossissent et, par conséquent, réfléchissent successivement les ondes plus grandes que le bleu ; donc, lorsque le soleil sera voisin de l'horizon, ces vapeurs, suivant leur état de condensation, devront paraître, *par l'effet des rayons transmis,* pourpre, vert, jaune, orange, rouge, rouge sombre. Cette dernière apparence est donc celle de la condensation la plus grande, qui permet encore à la lumière de passer. Autrement, lorsque tous les rayons réfléchis peuvent nous arriver, les nuages doivent paraître blancs.

Cette théorie est encore confirmée par les expériences de Bravais au sommet du Faulhorn, à 2,683 mèt. d'altitude. Voici le résumé de trente observations faites au lever du soleil, par un ciel bien pur. Il a observé le lever, parce que l'air est plus pur le matin que le soir.

Le soleil étant à 102° du zénith avant de se lever, l'horizon est bordé d'une bande très mince rouge orangée; la zone orangée s'étend ensuite, se borde de jaune, puis de vert; quand le soleil est à 94° ou à 93° du zénith, il se forme au-dessus du vert une zône purpurine *qui disparaît bientôt.*

Quand le soleil est arrivé à 92° du zénith, l'horizon oriental jaunit, le vert est plus marqué, et s'étend depuis 3° jusqu'à 18°; l'arc crépusculaire se trouve alors à 3° de l'horizon occidental et se trouve entouré d'une zone purpurine de 12° de largeur environ.

Le soleil se levant ensuite, la courbe crépusculaire disparaît, l'horizon occidental est bordé d'une bande rougeâtre, surmontée de jaune, que vient envelopper une teinte légèrement verdâtre. Le rouge disparaît à l'orient, est remplacé par du jaune, surmonté de vert, qui persiste encore, quand le jaune a disparu, le soleil n'étant plus qu'à 88° ou à 86° du zénith.

En admettant que l'humidité décroît à mesure qu'on s'élève, on voit combien cette théorie des couleurs de l'athmosphère doit varier avec la hauteur. Avant que le soleil ne se lève, nous voyons la couleur de l'air par suite de la réflexion des rayons transmis, ce qui nous est encore confirmé par les apparences de l'horizon occidental, lorsque le soleil se lève.

Nous pouvons donc en déduire que l'apparence *purpurine* est celle qui correspond au maximum de pureté de l'air, au minimum d'humidité relative, et, par conséquent, au beau temps.

La couleur des astres à leur lever et à leur coucher nous fournit des renseignements semblables : *Pallida luna pluit, rubiconda flat, alba serenat*. (Pallida, Alba) : l'air *très humide* diminue la lumière; l'air *très sec* laisse passer tous les rayons; (*Rubiconda*) : annonce de vapeurs que la lune entraîne à sa suite.

La couleur diffuse et blanc éclatant du soleil avant de se coucher, présage l'orage, parce que les molécules de vapeurs d'eau électrisées s'orientent entre elles et forment des files parallèles; elles doivent donc produire des effets de réflexion et de transmission plus intenses, en vertu de ce parallélisme.

Distance des nuages à l'horizon; prévision de l'heure de l'arrivée des changements de temps.

Le calcul des objets visibles sur la surface de la terre donne les indications suivantes :

à 785^m d'altitude, on voit jusqu'à 100 kil. de dist.
à 3,143^m —   —   200   —
à 7,076^m —   —   300   —

à 12,585ᵐ d'altitude, on voit jusqu'à 400 kil. de dist.
à 19,688ᵐ   —   —   500   —

En renversant la question, nous pourrions voir à l'horizon des nuages qui seraient à 500 kilomètres de nous, si ces nuages étaient à une hauteur de 19,688 mèt. au-dessus de la surface de la terre.

Or, l'expérience indique que les nuages se tiennent, en moyenne, en équilibre à une hauteur de 3,800 mèt. Nous les verrons donc bien par un temps clair lorsqu'ils seront à 200 kil. de nous. Si nous prenons une vitesse du vent égale à 6 mèt., ce qui est une vitesse moyenne de vent assez fort, nous voyons qu'il parcourt 216 kil. en dix heures. Cette période moyenne de dix heures est celle qu'indique l'expérience dans les changements de temps, d'après des observations connues faites à Lyon. Aussitôt que la vapeur d'eau plus légère apparaît sur l'horizon d'un lieu, le baromètre doit commencer à annoncer ce changement de poids de l'atmosphère (suivant la verticale du lieu).

Si les nuages sont à 7 kil. de hauteur, la période est de seize heures.

Si les nuages sont à 12 kil. de hauteur, la période est de dix-neuf heures.

Remarquons que si nous nous élevons sur une montagne de 3,000 mèt. de hauteur, on double le temps de la prévision, c'est-à-dire qu'au lieu de l'annoncer dix heures à l'avance, on peut l'annoncer vingt heures à l'avance.

§ IV

Explication physique 1° du signe particulier de l'alliance (arc-en-ciel), 2° du miracle de Josué, 3° du miracle d'Isaïe.

Je mettrai mon arc dans les nuées comme signe particulier de l'alliance que j'ai faite avec la terre. Lorsque j'aurai couvert le ciel de nuages, mon arc apparaîtra dans la nuée. Mon arc sera dans la nue (Genèse, XVIII, 13). Car il n'avait pas plu sur la terre, mais des vapeurs s'élevaient du sol et arrosaient la terre (Genèse, II, 3).

Il n'avait pas plu encore sur la terre; or, nous savons que la rosée seule ne peut produire un arc-en-ciel dans l'air. D'un autre côté, pour que ce phénomène soit visible dans les nuages, il faut certaines conditions spéciales. Il n'est apparent que par suite de la réfraction et de la réflexion de la lumière dans les gouttes d'eau. Il est donc nécessaire que la lumière *ainsi réfléchie* soit assez intense pour le rendre visible. Alors il est indispensable que les gouttes d'eau soient assez éloignées l'une de l'autre pour laisser passer, en assez grande quantité, d'abord *les rayons directs* qui tombent sur les nuées, et ensuite *les rayons réfléchis* qui nous montrent le phénomène de la décomposition de la lumière. Or, si les gouttes d'eau sont assez distantes entre elles, c'est que la pluie va cesser en cet endroit où est la nuée. *C'est donc bien un signe d'alliance,* d'après les données de la physique. L'expérience confirme cette induction. Ainsi, lorsqu'on fait le vide dans la machine pneumatique, on aperçoit un petit brouillard qui se forme sous la cloche : il est dû au refroidissement qui se produit dans ces circonstances. Ce froid condense la vapeur d'eau contenue dans l'intérieur, qui devient obscur. Pour que l'ar-en-ciel puisse se manifester, il faut donc que l'air contenu entre les gouttes d'eau qui tombent, commence à n'être plus saturé de vapeurs, c'est donc encore un signe que la pluie va cesser. Cet arc est d'autant plus brillant que les gouttes d'eau sont plus grosses, ce qui veut dire que les intervalles entre ces gouttes sont plus dépouillés de vapeurs.

Prenons encore une autre exemple dans le monde matériel. Josué dit : « *Soleil arrête-toi en ace de Gabaon ; lune, n'avance pas contre la vallée d'Aïalon. C'est pourquoi le soleil s'arrêta au milieu du ciel, et ne se coucha pas durant l'espace d'un jour. Il n'y eut point avant ni après un jour aussi long.....* (Josué, x, 12.)

Remarquons que tout est *miracle* dans la nature, nous ne connaissons ni le commencement, ni la fin des choses. Ainsi, aucun fait physique ne peut être entièrement expliqué dans son origine tout-à-fait première. Un voile impénétrable nous cache le monde invisible des atomes. Mais Dieu nous a fait connaître une loi *unique*, d'où dérivent toutes les autres : c'est dans leurs combinaisons immensément variées qu'il paraît rationnel de rechercher un mode de production *possible* des phénomènes les plus prodigieux, appelés spécialement *miracles,* et non dans la destruction ou même l'arrêt momentané de ces lois, puisqu'elles doivent être permanentes et invariables d'après l'Ecriture-Sainte [1], et comme il convient, du reste, au caractère immuable de leur divin Auteur. Cette recherche a pour but de montrer surtout la *possibilité* des phénomènes miraculeux au moyen des lois existantes, sans prétendre, toutefois, qu'ils se produisent ou se soient produits en réalité de cette manière particulière. Le surnaturel consisterait dans la préparation inconnue des événements qui surviennent justement au moment voulu, dans leur instantanéité, dans leur nouveauté inépuisable, ou dans leur mode de réalisation, etc., mais sans dérogation à la loi unique qui régit le monde entier, ni aux autres qui en dérivent toutes. Seulement, il peut arriver que ces lois particulières, ou causes secondes, nous soient encore inconnues.

Recherchons donc, parmi les phénomènes physiques, ceux qui se prêteraient le mieux à l'explication du prodige demandé par Josué.

---

1. Fidelia omnia mandata ejus, confirmata in seculum seculi... (Psaume de David 110, vers. 7).

Nous savons que certains nuages sont formés de cristaux de glace et donnent lieu aux halos, aux faux soleils. On pourrait imaginer que ces cristaux réfléchissent par leurs parties inférieures les rayons du soleil, lorsqu'il est descendu au-dessous de l'horizon : ils nous donneraient ainsi *une image* du soleil visible comme dans une glace. Pour que ce phénomène puisse se réaliser, les cristaux étant orientés par la pesanteur en chaque lieu, il faudrait qu'ils fussent élevés dans l'atmosphère à une hauteur égale à 0,4 du rayon de la terre. Il est donc nécessaire de recourir à une autre hypothèse possible, en nous laissant guider par la première. Nous savons qu'à certaines époques périodiques de l'année passent, dans le rayon de la terre, des astéroïdes, dont les étoiles filantes font partie. On a été amené à penser que les diamants pouvaient avoir une pareille origine, parce que leurs lieux de gisement se trouvaient sur la courbe même des principaux lieux de chutes des aérolithes, de sorte que les diamants seraient des *pierres tombées du ciel.* Quoi qu'il en soit, on peut supposer, avec les plus grandes chances de probabilité, que, dans le nombre de ces essaims d'astéroïdes, quelques-uns sont composés de masses cristallines ou d'eaux glacées. L'un de ces groupes aurait pu, dès lors, à une certaine époque, passer au-delà de l'orbite terrestre en conjonction avec le soleil et la terre, à une certaine distance de cette dernière. *Alors elles auraient constitué un immense miroir céleste, réfléchissant le soleil et la lune, qu'elles auraient rendus visibles à minuit comme en plein jour. Cette réflexion de la lumière, lorsque le soleil est couché, doit les faire apparaître comme dans la réalité au-dessus de nos têtes!*

Voulez-vous que l'ombre du soleil avance de 10 traits, ou qu'elle vienne en arrière reculant de 10 traits. Ezéchias dit : il est facile à l'ombre d'avancer de 10 traits, ce n'est pas ce que je veux qu'elle fasse, mais bien qu'elle recule de 10 degrés. Le prophète Isaïe invoqua donc le Seigneur, et fit ' rétrograder l'ombre trait à trait, lui faisant ainsi parcourir en arrière les dix degrés qu'elle avait parcourus en avant sur le cadran d'Achab. (Rois, IV, xx, 9.)

On explique ce résultat de la même manière : un nuage masque l'arrivée directe des rayons solaires sur le cadran. Mais l'image réfléchie du soleil sur des nuages de glace, qui passent dans des positions symétriques par rapport au méridien, fait rétrograder l'ombre en arrière de la même quantité.

Remarquons que, parmi les quantités d'astéroïdes qui circulent dans notre système planétaire, tous les éléments chimiques doivent y figurer, puisque ces astéroïdes proviennent de soleils détruits, ou de leurs projections hyperboliques de différentes matières. Alors, des masses de vapeur d'eaux congelées et cristallisées par le froid des espaces célestes ont pu former ces énormes miroirs réflecteurs, au temps de Josué. On expliquerait aussi par là les *cataractes du ciel* pour fournir les eaux du déluge, lors du passage de ces masses de glaces près de la terre.

§ V

Explication physique du phénomène du déluge universel.

La source des grandes eaux fut rompue, et toutes les cataractes du ciel s'ouvrirent, et la pluie tomba sur la terre pendant quarante jours et quarante nuits (Genèse, ch. VII, vers. 11 et 12).

Et toutes les hautes montagnes qui sont sous le ciel disparurent. L'eau dépassait de vingt coudées le sommet des montagnes (vers. 19 et 20).

La quantité d'eau qui se trouve actuellement sur la terre et dans l'atmosphère paraissant tout à fait insuffisante pour produire un déluge aussi complet, la physique, la chimie et l'astronomie nous permettent d'expliquer ce phénomène grandiose de plusieurs manières. Ainsi, on pourrait admettre que toute la masse d'eau excédante qui a donné lieu à cette submersion générale a été absorbée dans des combinaisons chimiques pour oxyder les métaux à l'intérieur du globe [1]. D'un au-

---

1. La terre pourrait absorber cinquante océans comme les nôtres, d'après les calculs des savants.

tre côté, les phénomènes de combinaison et de composition de toutes les matières qui se passent dans le soleil, permettent d'expliquer par leur projection l'introduction subite dans notre atmosphère d'un grand courant de gaz hydrogène et oxygène, qui doit forcément se transformer en vapeur d'eau à une certaine distance de la surface du soleil, lorsque la température est assez basse.

Il suffit, pour expliquer cette introduction, de remarquer que, si la vitesse des molécules d'hydrogène et d'oxygène projetées dépasse une certaine limite, elles décriront autour du soleil des courbes hyperboliques, et formeront un courant de matières qui s'éloigneront indéfiniment de l'astre. Ce que nous disons de notre soleil peut se dire de toutes les étoiles. C'est ainsi qu'on explique ces masses de bolides qui, à certaines époques, viennent traverser notre atmosphère en si grand nombre. On comprend, dès lors, la possibilité de l'introduction d'une masse de liquides étrangers dans le rayon d'attraction de la terre, dans le cours des siècles. On pourrait donc y voir la source des cataractes du ciel.

On peut expliquer semblablement le retour au soleil, ou en dehors même de notre système, des quantités de liquides disparues aujourd'hui. En effet, nous savons que la vapeur d'eau absorbe une quantité considérable de chaleur par rapport aux autres gaz de l'atmosphère. Cette chaleur se transforme en force vive, c'est-à-dire en mouvement. Tel est le cas des particules de vapeur d'eau qui s'échappent de la masse liquide pour s'élancer dans l'air. Des projections gigantesques de vapeurs ont dû se produire à l'époque du déluge, alors que l'atmosphère était chargée, du haut en bas, de masses énormes de vapeur susceptibles d'emmagasiner des quantités considérables de chaleur, jusque dans les parties les plus élevées de leurs couches. Cherchons la trajectoire qu'elles vont décrire. Suivant leur vitesse, elles décriront une branche de courbe analogue à celle des projectiles, à cause de la résistance de l'air; mais au lieu de retomber sur la terre, elles restent suspendues dans l'atmosphère, soit parce qu'elles sont soutenues par un courant ascendant, soit parce qu'elles prennent la forme de ballon, soit parce qu'elles subissent un phénomène d'évaporation continue à leur surface. Mais, à mesure que nous nous élevons dans l'atmosphère, les particules de vapeur qui s'échappent des couches nuageuses, échauffées par le soleil, finissent par ne plus rencontrer de résistance appréciable. Le refroidissement intense des régions interplanétaires favorise cette distillation des vapeurs de la partie chaude qui avoisine la planète vers la partie froide où se trouve le vide céleste. Suivant leur vitesse de projection, les particules de vapeur d'eau décriront donc autour de la planète des courbes elliptiques ou hyperboliques; dans ce dernier cas, elles ne reviendront plus jamais dans l'atmosphère de ce globe. De cette manière, il peut se produire une diminution plus ou moins considérable des masses liquides à la surface de la terre, jusqu'à ce que l'équilibre se réalise.

Enfin, la disparition aurait pu encore se faire si l'on admet que les montagnes, alors peu élevées, se soient urélevées, à la suite de violentes réactions chimiques ou volcaniques produites par des combinaisons avec ces grandes masses d'eau.

§ VI

Origine des forces physiques : lois qui les régissent.

La Bible nous indique une loi qui régit la formation des corps matériels ; elle permet d'expliquer tous les mouvements et les formes des corps célestes, constatés par l'expérience.

Quand, par une certaine loi et par le mouvement giratoire, il donnait aux abîmes (aux amas informes de matière nébuleuse) leurs circonvallations ou leurs formes (Livre des Proverbes, ch. viii, vers. 27).

Une des premières conséquences de l'existence de Dieu est qu'il agit sans cesse, comme Jésus nous l'apprend du reste. Cette action constante doit se manifester en particulier par *le mouvement*. La matière étant soumise à cette influence, on s'explique naturellement comment la somme des forces vives est entretenue par tout l'univers dans un éther matériel, susceptible dès lors de transmettre toutes les actions aux plus grandes distances. Le mouvement giratoire, dans un pareil milieu *résistant,* donne lieu à des phénomènes faciles à analyser. Si le corps tournant reçoit une impulsion, passant par son centre de gravité, la combinaison de cette rotation et de cette impulsion donne lieu à une rotation instantanée de ce corps autour d'un axe nouveau perpendiculaire à la direction de l'impulsion, en dehors du centre de gravité. Dans ces conditions, la rotation nouvelle engendre la production de deux forces centrifuges *inégales* et opposées; leur différence pousse le corps tournant dans une direction perpendiculaire à l'impulsion. La résistance du milieu empêche l'accélération de se produire à chaque nouvelle impulsion. Par là, on voit comment des corps tournants qui s'attireraient ne pourraient pas tomber l'un sur l'autre; ils décriraient, autour de leur centre de gravité commun, une courbe dont les éléments seraient près d'être perpendiculaires au rayon vecteur partant de ce point. Le calcul démontre que cette courbe est du second degré, ainsi que Képler l'a observé et que Newton l'a prouvé.

Ces lois sont applicables aux plus grandes comme aux plus petites masses, aux atomes comme à l'ensemble des voies lactées ou nébuleuses; elles déterminent leurs formes extérieures, leur circonvallation ; elles assurent leur stabilité comme celle des corps solides que nous voyons sur la terre. L'attraction générale de la matière ne serait qu'apparente, elle s'explique facilement par *cette impulsion constante donnée par Dieu, qui agit sans cesse, à un éther élastique et matériel :* elle se communique, dès lors, aux masses composées des éléments de cet éther, *aux atomes, aux atomes agglomerés, aux molécules, aux globes célestes.* Les mouvements imprimés *aux atomes* donnent lieu, par l'intermédiaire du milieu ambiant *matériel,* à une attraction réciproque, dont on détermine la formule élémentaire comme celle d'Ampère pour les actions électriques, et par des considérations entièrement semblables ; les deux formules sont identiques. Les rotations, rapides sur elles-mêmes, de molécules liées ensemble sur une ligne non fermée, engendrent *un couple* qui assigne *une direction* à l'axe de rotation : ce couple est détruit, dès que l'axe se trouve sur le prolongement des forces : on explique ainsi facilement l'inclinaison de la ligne des pôles des planètes sur le plan de l'écliptique. Les deux forces qui déterminent le couple n'étant jamais égales, à cause de la différence toujours très grande des points d'application de ces forces au *foyer apparent d'attraction,* il reste toujours leur différence pour produire l'attraction des masses en présence.

Pour produire la rotation continue des molécules, dans ce milieu éthéré mais matériel, il suffit que les *impulsions* qu'elles reçoivent, passent non à leur centre de gravité, mais à un même point de leur intérieur, et que l'intervalle de temps entre deux impulsions soit en rapport simple avec la durée de rotation. On peut concevoir de plusieurs manières l'origine des mouvements. Le sens de la rotation et de la translation serait fixé par le point d'application de la résultante des chocs des atomes d'Ether sur des molécules non homogènes : si le nombre des chocs, ou des vibrations, est en rapport harmonique avec la durée de rotation des molécules frappées, ce point sera plus souvent d'un même côté du centre de gravité, et il déterminera le sens des deux mouvements : la translation est normale à la direction des chocs. La rétrogradation des satellites d'Uranus serait due à la rotation rétrograde de leurs molécules, où ces lunes sont formées de molécules homogènes sans rotation, projetées en sens rétrograde, près des pôles d'Uranus. Dans le milieu parfait, le mouvement vibratoire de l'Ether doit être héliçoïdal, car c'est le mouvement géométrique le plus simple composé d'une rotation et d'une translation. Ce résultat est confirmé par la théorie de la lumière. Une seule force produirait donc rotations et translations. Observons le principe d'harmonie qui règle les actions de cette force, appliquée à un même point des particules. Pour entretenir leur rotation dans ce milieu parfaitement élastique mais matériel, il faut que les chocs, qui constituent cette force, se produisent dans des périodes de temps en rapport harmonique avec la durée de rotation. Ainsi les mouvements de l'Univers seraient réglés comme ceux d'une horloge !

On est souvent tenté de regarder toutes les variations des éléments des orbites comme des imperfections dans le système céleste ; n'est-il pas plus rationnel de les envisager comme des mouvements périodiques *particuliers* correspondant à certains phénomènes de la nature qui s'accomplissent pendant leur dûrée? Tous les mouvements particuliers que présentent les corps célestes peuvent être assimilés à ceux *d'une horloge universelle,* qui permet d'enregistrer les phénomènes différents du monde entier. Les périodes *calculées* s'étendent, depuis la durée de la précession des équinoxes, qui s'opère en vingt-six mille ans, jusqu'à la durée des vibrations des rayons lumineux, qu'on peut considérer comme les plus petites ou les premières pulsations imprimées à la matière. Ce sont elles qui mettent en mouvement notre grande horloge, c'est-à-dire le monde entier.

§ VII

*Sur la durée des Mondes, des Plantes
et des Etres.*

Dieu, qui est infini dans tous ses attributs, tire tout du néant.

La formule mathématique

$$0 \times \infty$$

représente le résultat de son action : elle est égale à

$$\dfrac{0}{\dfrac{1}{\infty}} = \dfrac{0}{0}$$

ce qui veut dire que le résultat n'a pas de valeur déterminée et peut varier de zéro à l'infini.

Les mondes, les plantes, les corps et tous les êtres représentent les produits de son action instantanée : ils peuvent donc avoir une valeur finie et déterminée, comme l'expérience nous l'apprend. Toutefois, il faut observer qu'il n'y a pas *destruction complète,* car nous voyons toutes les plantes se régénérer, et les corps matériels former de nouvelles associations.

Les derniers éléments de la matière sont indestructibles. Dans le monde moral, l'âme, qui est une et simple dans toutes ses perceptions et ses jugements, peut être aussi considérée, par analogie, comme un élément indestructible [1].

Mais, si nous quittons le domaine de la matière pour nous élever dans les régions spirituelles, de nouvelles considérations viennent confirmer ce premier aperçu. En effet, la volonté puise, à une source im-

---

[1]. Nous ne nous donnons pas la vie, nous ne créons pas ce souffle qui l'entretient. Celui qui a tout fait, par qui tout a été fait nous l'a donnée ; il peut l'entretenir toujours. Nous concevons bien que le mouvement de la terre autour du soleil puisse durer indéfiniment, à plus forte raison pouvons-nous imaginer que la vie des âmes puisse ne jamais finir, quand la source de tous leurs mouvements intimes est en Dieu même, autour de qui elles gravitent.

matérielle et invisible, la force directrice qui met en jeu toutes celles qui font mouvoir le corps humain, car elle prend sa première origine dans la pensée formée par notre esprit. La pensée, qui dirige notre corps, a donc une existence tout immatérielle : elle constitue la vie de l'âme. Dieu peut-il l'abandonner complètement à elle-même? Remarquons que nous n'avons rien par nous-mêmes; par suite, les sentiments paternels qui nous animent ont été gravés dans nos cœurs par la main du Tout-Puissant : ils sont les images de ses bontés pour nous, de ses propres sentiments. Comme il est le vrai Père de nos âmes, nous ne pouvons donc pas douter de sa Providence : ainsi qu'il convient à la divinité, elle doit se manifester par une action constante. Nous allons en tirer les conséquences.

Aussitôt après sa création instantanée, l'âme prend une valeur déterminée A : mais, soutenue, entretenue dans son existence par le feu sacré qui ne peut s'éteindre, elle est immortelle en vertu de ce principe mathématique que

$$A \times \infty$$

prend une valeur infinie en durée, à moins que le Créateur ne veuille détruire son premier ouvrage, projet qui ne semblerait pas raisonnable dans l'esprit de Celui qui, connaissant l'avenir, aurait pu se dispenser de lui donner le jour. La mort éternelle ne pourrait donc provenir que de l'action de notre volonté libre, révoltée contre les ordres de son Créateur. Ainsi l'union de l'âme avec le corps pouvait rester permanente, si la volonté de l'homme n'avait pas brisé d'elle-même cette union par un principe corrupteur et destructeur, principe de révolte transmis de père en fils : il se transmet par le corps et ne peut atteindre l'âme qui n'est pas engendrée par nos parents [1].

1. Il suffit d'une seconde action instantanée de Dieu régénérant notre âme, pour lui assurer une existence sans bornes. Mais l'étude des sciences naturelles nous permet d'étendre nos vues plus loin. Ainsi, nous savons que le phénomène de la nourriture développe dans le corps de l'homme une série de réactions chimiques produisant la chaleur et les courants électriques qui parcourent les nerfs. C'est par l'action de la volonté. sur ces courants nerveux, que nos muscles et tous nos membres sont mis en mouvement. La volonté représente ici le Mécanicien indispensable pour diriger, accélérer. modérer et arrêter le mouvement de la locomotive. Une fois que les forces physiques ont été épuisées, la nourriture les renouvelle, comme le combustible renouvelle celles des machines. Pour les mettre en action, il faut, remarquons-le bien, une autre force, *celle de la volonté.* Cette dernière puise son énergie dans une autre source non matérielle, puisqu'elle provient de la *pensée même.* Cette puissance de l'âme devrait s'épuiser comme toutes les autres forces, si elle n'était renouvelée. Son origine première, toute spirituelle, nous montre qu'elle s'alimente à une source spirituelle, universelle, inépuisable, invisible, en dehors de nous, mais très réelle. Cette source qui donne *la vie elle-même à tout le monde, à chaque instant,* ne peut donc se trouver que dans l'Esprit tout-puissant et éternel, c'est-à-dire en Dieu qui l'entretient sans cesse, et assure ainsi l'immortalité à nos âmes, puisqu'elles reçoivent de lui-même le courant de la force, de la vie qu'il doit répandre toujours!

§ VIII

Sur les combinaisons chimiques.

Les hélices décrites par les atomes figurent des solenoïdes. A chaque réflexion, il y a attraction et répulsion des hélices entre elles, et production d'une oscillation, qui assure ainsi la *stabilité* du système. Mais, si les *réflexions des atomes sont synchrônes, il y aura attraction et répulsion constante.* Si les atomes appartiennent à des systêmes différents, il y aura combinaison chimique dans ce cas, car ceux de plus faible masse s'attirent moins entre eux qu'ils ne sont attirés par les autres de plus grande masse. Ces derniers orientent les mouvements des premiers, qni tournant alors *en sens contraire,* produisent la chaleur par leur rencontre. *Les corps, qui ont des raies spectrales communes, sont donc aptes à se combiner.* On voit comment on peut s'en servir pour obtenir *les décompositions.* L'électricité obtenue par cette orientation *intérieure* des systèmes doit être immensément supérieure à celle qui résulte de leur orientation par des moyens mécaniques : des frottements de même sens. L'orientation produit l'électricité par le parallélisme des actions, qui augmente leur résultante.

NOTE

SUR LES UNITÉS DE MESURE

1º La distance moyenne de la terre à la lune est, en prenant le rayon de la terre comme terme de comparaison.

$$D = 60,273$$

or, remarquons que le rayon du globe lunaire est précisément égal à 0,273, en le désignant par v

$$D - v = 60.$$

c'est-à-dire que la distance du centre de la terre au point le plus rapproché de la lune serait exactement 60 rayons de la terre. Nous retombons sur cette numération par 60, trouvée déjà dans la division de la circonférence en 360º.

2º La distance maximum du centre des deux astres est

$$63,583$$

si nous retranchons un rayon de la terre, et si nous ajoutons un rayon du globe lunaire pour trouver la distance D_1 des *deux points extrêmes* situés *sur les surfaces extérieures*, à l'origine des rotations

$$D_1 = 62,856$$

or, $\qquad 2\pi = 6,2832$

d'où $\qquad D_1 = 2\pi \times 10$

Cette distance maxima contient donc dix circonfé-
rences de la terre, c'est-à-dire dix fois l'unité de mesure
à laquelle nous avait conduits déjà l'étude sur le mouve-
ment horaire.

Nous sommes donc amenés encore par cette étude à
adopter la numération décimale, car *dix unités* correspondent au *maximum* de distance trouvé plus haut.

Ce calcul conduit à prendre pour la longueur de la
circonférence de la terre

40,082 kilomètres,

tandis que les mesures directes ont donné

40,070

Si l'on tient compte de l'inégalité des méridiens entre
eux, des rayons équatoriaux eux-mêmes et des variations des maxima et minima, on voit combien notre
chiffre se rapproche de l'exactitude complète.

Pour trouver une division de la circonférence, nous
devons profiter de ce résultat, que dix circonférences terrestres, développées sur une ligne droite, sont précisément
égales à cette distance D_1.

En la comparant à la distance moyenne $D = 60$.

$$\frac{D_1}{D} = \frac{2\pi \times 10}{60} = \frac{2\pi}{6}$$

Ce qui donne chaque circonférence en six parties égales,
correspondant à l'inscription du rayon dans ces circonférences. En continuant de diviser chacune de ces parties
par le même chiffre 60, chacune d'elles devient précisément égale à 1° de la circonférence divisée en 360°·

Nous trouvons encore une vérification de cette interprétation, en considérant la distance de la lune et de la
terre au périgée.

La distance à l'apogée est égale à 63,583; si nous en

retranchons *la dixième partie*, on a
$$63,583 - 6,3583 = 57,225$$
or, si l'on ajoute à la distance du périgée qui est
$$56,964$$
un rayon lunaire 0,273, on a
$$56,964 + 0,273 = 57,237 = D_2$$

C'est la distance du centre de la terre au point le plus éloigné de la lune, à l'époque du périgée.

C'est ce même point le plus éloigné de la surface lunaire, à l'origine des mouvements, que nous avons déjà apprécié dans la recherche de la distance maxima D_1.

Il y aurait donc, pour confirmer notre numération décimale, exactement *une longueur de circonférence de la terre entre ces deux distances* D_1 *et* D_2, qui correspondent à des maximum et minimum de variations de distance lunaire.

On peut faire une remarque analogue au sujet de l'unité de vitesse, en considérant, *sur la surface de la lune*, comme pour la distance moyenne, le point le plus voisin de la terre. Etudions, comme d'habitude, le mouvement *apparent;* on suppose la lune immobile et on transporte son mouvement à la terre, qui tournerait alors tout d'une pièce autour de ce point de la lune le plus voisin, subitement devenu immobile. Si l'on prend aussi le point, sur la surface de la terre, le plus rapproché de la lune, la vitesse moyenne de ce point sera de 1 kilomètre par seconde.

Nous pouvons maintenant renverser la question. Si nous acceptons, comme des données d'une exactitude rigoureuse, les conséquences tirées de l'interprétation des enseignements divins, nous pourrons trouver alors *directement et avec une exactitude* qui ne doit rien laisser à désirer, c'est-à-dire de même ordre, *les chiffres* déduits avec tant de peines, de longues et pénibles expériences, qui durent des siècles. Ainsi, si nous admettons, comme il résulte de nos calculs, que la lumière doit parcourir 30 fois, *en une seconde*, le 1/4 de la circonférence terrestre, on en déduira le parallaxe solaire avec une approximation de même ordre. On trouverait par cette méthode 8,815, en prenant 300,000 kilomètres pour vitesse, ce qui concorde avec les calculs les plus récents. (M. Faye, Académie, séance du 9 mai 1881.)

Pour terminer cette étude sur les mesures, j'attire l'attention sur la manière de compter le temps comme les Israélites. En étendant les mêmes procédés aux jours et aux heures, nous avons vu que deux lunaisons équivalaient à 57 jours lunaires, que le mois lunaire composé de 28,5 jours *lunaires,* comprenait bien *4 dimanches,* et que les 6 jours restant de l'année *commune* pouvaient être affectés aux 6 grandes fêtes chrétiennes. Nous avons vu, de quelle manière *singulière,* les jours de repos : *dimanches et grandes fêtes chrétiennes sont marqués dans la nature,* lorsqu'on cherche à établir la correspondance des heures lunaires avec les heures solaires ! Il n'y a aucune opération à faire, en ces jours de repos, pour établir la concordance !

Nota. — On peut déduire les heures du lever et du coucher du soleil *des heures du lever et du coucher de la lune,* en se servant du cadran lunaire. En effet, observons que la lune se meut à très peu près dans le plan de l'écliptique, et que, dans le cours d'un seul mois lunaire, elle se lève et se couche à des heures aussi différentes que le soleil dans le cours d'un an. En considérant donc les heures lunaires du lever et du coucher de la lune, ainsi que *l'angle* qu'elle a parcouru en ce moment dans son orbite, on aura les mêmes heures approximativement pour le lever et le coucher du soleil, lorsque la terre aura parcouru ce même angle dans son orbite, si l'on tient compte de la différence des heures lunaires et solaires, à ce moment, en retranchant une heure lunaire aux six premiers jours de chaque semaine lunaire.

L'heure du coucher du soleil est annoncée par l'heure où commencent à poindre à l'occident les points du croissant de la lune. Un intervalle de deux à quatre jours s'écoule entre la disparition de la lune le matin, à l'Orient, et sa réapparition le soir, à l'Occident, et peu après le coucher du soleil. C'est au milieu de cet intervalle qu'est l'instant précis de la nouvelle lune, où les heures lunaires et solaires coïncident.

Comme exemple de calcul, je vais déterminer *le temps moyen qui s'écoule entre la sizigie et le moment de la grande marée,* dont il s'agit à la page 249 :

Le jour lunaire dépasse en moyenne de 50',5 le jour solaire, et la différence entre le plus grand et le plus petit jour et de 10'. A partir du Périgée, chaque jour lunaire surpasse le précédent d'environ

$$\frac{10'}{30} = \frac{1'}{3} = d$$

Le premier jour on ajoute d, au plus petit jour.

Le deuxième on ajoute $2\,d$.

Pour 4 demi-rotations de la terre, on aura donc à ajouter

$d + 2\,d = 3\,d$, par suite pour 3 demi-rotations $\dfrac{3}{4} \times 3\,d$

ce qui est précisément l'augmentation correspondant à la grande marée.

Comme 3 demi-rotations sont contenues 19 fois dans une révolution synodique, on aura donc, pour la moyenne générale, en supposant que le phénomène des grandes marées se répète sans interruption à tous les trois demi-tours de la terre,

$$\frac{3}{4} \times 3\,d \left(\frac{1 + 2 + 3 + \ldots + 19}{19} \right) = \frac{3}{4}\,3\,d \left(\frac{19 \times 20}{2 \times 19} \right)$$

ou en remplaçant d par sa valeur 1/3

$$\frac{3}{4} \times 10 = 7'50$$

à ajouter au plus petit jour, ce qui fait bien 2',5 à ajouter au jour moyen. Le temps moyen correspondant au phénomène est donc estimé en demi-rotations : 3 + 2',5. Il reste à transformer 2',5 en demi-rotations. Nous retombons sur les chiffres indiqués à la page 249.

TABLE DES MATIÈRES

TITRE III

LE BUT DE LA VIE. — RÉVÉLATION DE NOTRE DESTINÉE.

TITRE IV

NOTRE GUIDE SURNATUREL. — LE SOLEIL DIVIN QUI ÉCLAIRE LES AMES.

TITRE III

L'AVENIR

TROISIÈME PARTIE
SYNTHÈSE DE LA VIE

TITRE I
TABLEAU DU PASSÉ, DU PRÉSENT ET DE L'AVENIR.

TITRE II
LIAISONS DU PASSÉ A L'AVENIR

TITRE III
TABLEAU DE LA VIE INTELLECTUELLE.

APPENDICE
APPLICATIONS DES VÉRITÉS RÉVÉLÉES AUX RECHERCHES SCIENTIFIQUES.

Le Puy, imprimerie Marchessou fils.

www.ingramcontent.com/pod-product-compliance
Ingram Content Group UK Ltd.
Pitfield, Milton Keynes, MK11 3LW, UK
UKHW022104120726
13694UKWH00001B/332